MENTOR LERN-HILFE

Band 507

Deutsch
5./6. Klasse

Bausteine und Spielregeln
unserer Sprache

Grammatik

Mit ausführlichem Lösungsteil zum Heraustrennen

Mit Lerntipps!

Antje Kelle

Mentor Verlag München

Über die Autorin:
Antje Kelle, Oberstudienrätin am Gymnasium, Autorin mehrerer Mentor Lern- und Abitur-hilfen

Lerntipps:
Alexander Geist, staatlicher Schulpsychologe an einem Gymnasium

Redaktion: Eva-Maria Gärtner

Illustrationen: Monika Braunert, Moos-Bankholzen

Layout: Barbara Slowik, München

Titelgestaltung: Iris Steiner, München

Umwelthinweis: Gedruckt auf chlorfrei gebleichtem Papier.

Auflage:	6.	5.	4.	letzte Zahlen
Jahr:	02	01		maßgeblich

© 1997 by Mentor Verlag Dr. Ramdohr KG, München

Satz/Repro: OK Satz GmbH, Unterschleißheim
Druck: Druckhaus „Thomas Müntzer", Bad Langensalza
Printed in Germany · ISBN 3-580-63507-7

Inhalt

Inhalt

Grammatik – was ist das eigentlich?

Wenn wir sprechen, so geschieht dies meist „automatisch". Dabei wissen wir zwar genau, was wir sagen wollen; wir sind uns beim Formulieren jedoch meist nicht bewusst, welche einzelnen Wörter wir benutzen und nach welchen Spielregeln wir sie miteinander verknüpfen.

Dieses unsichtbare System, nach dem wir uns beim Sprechen richten, nennt man **Grammatik.** Mit ihr wollen wir uns in diesem Buch beschäftigen.

Dazu ist es ganz hilfreich, unsere Sprache mit einem Haus zu vergleichen:

Zum Hausbau benötigt man viele einzelne Bauteile, das Baumaterial, und zwar verschiedene Materialarten, wie z. B. Stein für Wände und Treppen, Glas für Fenster, Holz für Türen und Fensterrahmen. Auch beim Sprechen benötigt man viele einzelne Bauteile, die **Wörter,** die in verschiedenen **Wortarten** vorrätig sind, wie z. B. Hauptwörter (Substantive) für Lebewesen und Dinge, Zeitwörter (Verben) für Tätigkeiten und Eigenschaftswörter (Adjektive) für besondere Merkmale von Lebewesen und Dingen. Und wie man beim Hausbau nach und nach bestimmte, in sich geschlossene Bauabschnitte fertig stellt – wie z. B. eine Fensterfront aus Stein, Glas und Holz –, so bildet man auch beim Sprechen bestimmte, in sich geschlossene Sinnabschnitte, die **Sätze.**

Dass für einen solchen Bauabschnitt die einzelnen Teile nicht alle so verwendet werden können, wie sie geliefert werden, leuchtet ein; so müssen beispielsweise Steine behauen und Holzleisten an den Enden bearbeitet werden, damit sie zu einem Fensterrahmen zusammengefügt werden können, während dagegen Nägel und Schrauben ohne Veränderung benutzt werden. Dasselbe geschieht auch mit unserem Wortvorrat, wenn wir einen Satz bilden: Einige Wörter können sich der Aufgabe, die ihnen innerhalb eines Satzes zukommt, anpassen und ihre äußere Form verändern, andere dagegen behalten in jedem Satzzusammenhang dieselbe Form.

Damit nun ein Haus sicher steht, müssen sich die Bauarbeiter nach einem festen **Bauplan** richten, den der Architekt ausgedacht und den der Ingenieur berechnet hat. Solch ein Plan zeigt, in welche Form die einzelnen Bauteile für jeden Bauabschnitt gebracht werden müssen und wie die einzelnen Bauabschnitte dann das ganze Haus ergeben.

Beim Sprechen sind wir Architekt/in, Ingenieur/in und Bauarbeiter/in zugleich. Und nach welchem Bauplan richten wir uns? Natürlich nach der Grammatik.

Die Grammatik weiß, welche Bausteine uns beim Sprechen zur Verfügung stehen und nach welchen Spielregeln wir diese miteinander verknüpfen dürfen.

Dieses Buch soll dich nun zu einem Grammatik-Profi machen. Baustein für Baustein wird in überschaubaren Arbeitsschritten erläutert und an Beispielen verdeutlicht. Dabei wird jedes Kapitel mit kleinen Aufgaben abgeschlossen, die dir die Möglichkeit geben, das Gelernte gleich einzuüben. Und damit du überprüfen kannst, ob sich Fehler eingeschlichen haben, kannst du im Lösungsteil die richtigen Antworten finden. (Aber Ehrenwort: nicht vorher nachschauen!)

So, es kann losgehen. Viel Spaß!

Autorin und Mentor Verlag

Benutzerhinweise

Der Text dieses Bandes entspricht – mit Ausnahme der Originalzitate – der neuen Rechtschreibung.

 Hier gibt dir der Rabe einen **Tipp** oder einen **Hinweis**, worauf du achten musst. (**Achtung!**)

 Der Rabe führt dir hier eine wichtige **Regel** vor.

 Hier findest du einen wichtigen **Merksatz** oder eine **Kurzdefinition**.

 Hier kannst du eine **Übung ins Buch** schreiben.

 Die zwei Raben im Gespräch: Hier gibt es eine **Unterhaltung** oder jemand **erzählt** etwas.

Wortarten: Welche Wörter stehen uns zur Verfügung?

Wenn wir sprechen, haben wir im Deutschen die Auswahl unter mehr als 300 000 Wörtern. Natürlich gibt es niemanden, der sie alle beherrscht; aber je älter wir werden, umso mehr lernen wir von ihnen kennen.

Untersucht man diesen Wortvorrat genauer, so erkennt man, dass er **aus zehn verschiedenen Wortarten** besteht, die sich in Inhalt, Form und Verwendungsmöglichkeit im Satz deutlich voneinander unterscheiden.

1. Verb/Tätigkeitswort

In dieser Minute

In der Minute, die jetzt ist –
Und die du gleich nachher vergißt,
Geht ein Kamel auf allen vieren
Im gelben Wüstensand spazieren,
Und auf den Nordpol fällt jetzt Schnee,
Und tief im Titicacasee
Schwimmt eine lustige Forelle.
Und eine hurtige Gazelle
Springt in Ägypten durch den Sand.
Und weiter weg im Abendland
Schluckt jetzt ein Knabe Lebertran.
Und auf dem großen Ozean
Fährt wohl ein Dampfer durch den Sturm.
In China kriecht ein Regenwurm
Zu dieser Zeit zwei Zentimeter.
In Prag hat jemand Ziegenpeter.

Und in Amerika ist wer,
Der trinkt grad seine Tasse leer,
Und hoch im Norden irgendwo
Da hustet jetzt ein Eskimo,
Und in Australien – huhu –
Springt aus dem Busch ein Känguruh.
In Frankreich aber wächst ein Baum
Ein kleines Stück, man sieht es kaum.
Und in der großen Mongolei
Schleckt eine Katze Hirsebrei.
Und hier bei uns, da bist nun du
Und zappelst selber immerzu,
Und wenn du das nicht tätest, wär
Die Welt jetzt stiller als bisher.

(Eva Rechlin)

Originaltext

Du siehst: Irgendwo auf der Welt ist immer etwas los. Irgendjemand *tut* gerade etwas, irgendetwas *bewegt* sich gerade. Die Welt *steht* nie still.

Um über diese Ereignisse sprechen zu können, steht uns eine besondere Wortart zur Verfügung: das **Verb**, das dir sicherlich als **Zeitwort** schon bekannt ist.

Warum es Zeitwort heißt? Stell dir vor, du fährst morgens zur Schule: Zunächst verlässt du mit einem kurzen Blick auf die Uhr das Haus und gehst zur Haltestelle. Danach folgt ein Zeitabschnitt, in dem du dich vom Bus oder von der Bahn durch die Stadt fahren lässt. Und wenn du dann später das Schulhaus betrittst, zeigt ein Blick auf die Schuluhr, dass inzwischen Zeit vergangen ist, seit du von zu Hause fortgegangen bist.

Genauso verhält es sich mit allen übrigen Ereignissen auf der Welt: Sie geschehen in der Zeit; wenn sie geschehen, vergeht Zeit.

Da viele dieser Wörter für Tätigkeiten (für das, was wir tun) verwendet werden, nennt man sie auch **Tätigkeitswörter** oder **Tuwörter**. Wir wollen im Folgenden den Ausdruck Verb verwenden. (Diese Bezeichnung kommt aus dem Lateinischen und bedeutet wörtlich „das Wort".) Öffensichtlich handelt es sich also um eine besonders wichtige Wortart.

Mit Verben bezeichnet man, was geschieht oder was ist. Sie dürfen in keinem Satz fehlen.

Handlungsverben – Vorgangsverben – Zustandsverben

Die meisten Verben sind „echte" Tätigkeitswörter, d. h. sie bezeichnen eine bewusste Tätigkeit, eine Handlung des Menschen wie

Beispiele | *arbeiten, bauen, nachdenken, drücken, hobeln, reiben, kneten, lesen, erzählen, schreiben, singen, rechnen.*

Die Verben für solche bewussten Handlungen heißen **Handlungsverben**.

Nun gibt es auch Vorgänge, die wie von selbst ablaufen, wie

Beispiele | *wachsen, blühen, leben, rollen, fallen, pendeln, kreisen, regnen, schneien, hageln, blitzen, dämmern.*

Die Verben für solche Vorgänge heißen **Vorgangsverben**.

Einige Ereignisse verändern sich sogar so wenig, dass man von Zuständen spricht wie

| *bleiben, wohnen, heißen, ruhen, beharren, dauern, sein, bestehen, liegen, sitzen, hocken, stehen, verweilen.*

Die Verben für Zustände heißen **Zustandsverben**.

Vollverben – Hilfsverben

Fast alle Verben sind vollwertige Wörter, d. h. sie sind vollständige Bezeichnungen für eine Handlung, einen Vorgang oder einen Zustand und haben als selbstständige Wörter einen Sinn, z. B.

Ich telefoniere.
Es regnet.
Heidelberg liegt am Neckar.

Beispiele

Man bezeichnet sie als **Vollverben**.

Eine kleine, aber wichtige Gruppe von Verben ist dagegen nicht allein aussagefähig:

sein, haben, werden.

Beispiele

Entweder benötigen sie selbst eine Ergänzung oder sie werden von Vollverben als Ergänzung benötigt.

Nadine ist ...   *Die Vokabeln werden ...*
Rolf ist ...   *Ich habe sie ...*

Beispiele

Solche Verben heißen **Hilfsverben**.

Wie sie durch **Ergänzungen** sinnvoll werden, zeigen folgende Beispiele:

Nadine ist sportlich.   *Die Vokabeln werden abgefragt.*
Rolf ist ein Fußballfan.   *Ich habe sie gelernt.*

Beispiele

> **Achtung!**
> Es gibt einige Ausnahmefälle, in denen solche Hilfsverben auch einmal als Vollverben verwendet werden können; sie nehmen dann die Bedeutung eines anderen Wortes, eines Vollverbs, an. So meint beispielsweise der Satz *Nadine ist auf dem Sportfest* eigentlich *Nadine befindet sich auf dem Sportfest*; und der Satz *Rolf hat ein spannendes Buch* bedeutet eigentlich *Rolf besitzt ein spannendes Buch*.
> Die so vorkommenden „Hilfsverben" sind also gar keine „echten" Hilfsverben.

Die nachstehenden Wortreihen enthalten in jeder Zeile ein Kuckucksei, d. h. ein Wort, das gar kein Verb ist. Wenn du es findest, unterstreiche es.

Übung

A1

(1) *unterscheiden – erkennen – beobachten – verschieden – einteilen*
(2) *Geräusch – bellen – krähen – zwitschern – quaken*
(3) *baden – tauchen – herrlich – prusten – schwimmen*

Übungen

A2

Auch in den folgenden Tabellen gibt es Kuckuckseier zu entdecken. Dort steht nämlich in jeder Spalte ein Wort, das nicht zur Überschrift passt. Streiche es durch.

(1) Handlungsverben	(2) Vorgangsverben	(3) Zustandsverben
drücken	wehen	liegen
öffnen	flattern	sitzen
knarren	herunterfallen	stehen
schließen	nehmen	gehen

A3 Fallen dir noch andere Verben ein, die auch keine „richtigen" Verben sind, weil sie nur zusammen mit einem Vollverb aussagefähig sind?
Wenn du jeden Punkt durch einen Buchstaben ersetzt, findest du sie sicherlich:

. ür . . .   so . . . .
w . . l . .   . ön . . .
mö . . .   . . ss . .

A4 Damit du einen Eindruck davon bekommst, wie unerschöpflich groß unser Vorrat an Verben ist, schlage ich dir ein Spiel vor, das du mit dir allein (oder auch mit anderen) spielen kannst. Überlege dir, mit welchen Verben man ausdrücken kann, dass jemand *spricht*. (Wir haben besondere Wörter für *leises Sprechen*, für *unfreundliches Sprechen* usw.) Sieh auf deine Uhr und schreibe so viele Wörter auf, wie dir in 10 Minuten einfallen. Wenn du mehr als 20 Wörter in diesem Zeitraum gefunden hast, dann darfst du sehr zufrieden mit dir sein.

_____

_____

_____

_____

_____

_____

_____

Solche Wörter mit ähnlichem Sinn nennt man sinnverwandte Wörter; sie bilden zusammen ein **Wortfeld**.

2. Substantiv/Hauptwort

„Ich hätte gern vier Päckchen hiervon und ein Stück davon."

Ob die Verkäuferin wohl den Kunden versteht? Die Verständigung wäre sicherlich leichter, wenn der Kunde die Waren, die er kaufen möchte, beim Namen nennen würde.

Dafür besitzt unsere Sprache nämlich **Namenwörter**, die man auch **Dingwörter, Hauptwörter, Nomen** oder **Substantive** nennt.

Und was gibt es alles auf der Welt?

Mit Substantiven bezeichnet man Lebewesen, konkrete und abstrakte Dinge.

Sinnendinge (Konkreta) – Gedankendinge (Abstrakta)

Auf unserer Welt gibt es viele **Lebewesen** (Menschen, Tiere und Pflanzen) und viele **Dinge** (Gegenstände, Sachen), die wir mit unseren fünf Sinnen wahrnehmen können; wir können sie

sehen	z. B. die *Sonne*	
hören	z. B. die *Menschen*	
anfassen	z. B. die *Steine*	
riechen	z. B. die *Blumen*	
und schmecken	z. B. die *Brombeeren*.	

Beispiele

Manches können wir auch mit mehreren Sinnen zugleich wahrnehmen, z. B. eine *Flöte*, die man sehen, hören und anfassen kann.

Für jedes Lebewesen und für jedes Ding hat unsere Sprache einen Namen; so heißt das Tier, das uns mittags freundlich anbellt, *Hund* und das runde Ding, mit dem wir gern spielen, *Ball*.

Man nennt sie **Sinnendinge (Konkreta).**

Nun können wir aber nicht alles, was es auf der Welt gibt, mit unseren Sinnen wahrnehmen; vieles können wir nur denken oder uns vorstellen. Beispielsweise sind *Freundschaft, Frühling, Erdkunde* keine „richtigen" Dinge, die man mit den Sinnen greifen kann, sondern **Gedankendinge (Abstrakta)**, die man nur in Gedanken be-greifen kann.

Weitere Abstrakta sind z. B.

Beispiele | *Freude, Angst, Ehrlichkeit, Lüge, Krieg, Frieden, Stunde, Sekunde, Gleichheit, Unterschied.*

Eigennamen

Einiges auf der Welt ist nur ein einziges Mal vorhanden. Es ist einmalig und bekommt deshalb in unserer Sprache einen eigenen Namen, einen **Eigennamen**.

So kommen die Flüsse *Mississippi, Nil* und *Donau* nur einmal auf der Landkarte vor, und die Namen *Winnetou, Old Shatterhand* und *Old Surehand* beziehen sich ausschließlich auf Personen in Karl Mays Büchern.

Weitere Beispiele für Eigennamen sind Länder wie *Frankreich, England*, Gebirge wie die *Alpen*, der *Himalaya* und Personen wie *Johann Wolfgang von Goethe, Friedrich Schiller.*

Artnamen

Das meiste auf der Welt ist jedoch mehrfach vorhanden. Es gibt nicht nur einen einzigen *Fluss*, sondern viele *Flüsse* und nicht nur einen einzigen *Indianer*, sondern zahlreiche *Indianer*.

So verwundert es nicht, dass die Sprache diejenigen Lebewesen und Dinge, die **wichtige Eigenschaften gemeinsam** haben, die also eine gemeinsame Art besitzen, mit demselben Namen, dem **Artnamen**, bezeichnet. So heißen alle Gegenstände, die aus Wachs und einem Docht bestehen, *Kerze* und alle Menschen, die in Europa leben, *Europäer*. Jedes Ding, das zur Zeitmessung geeignet ist, hat den Artnamen *Uhr*, und jede Pflanze mit einem Stamm hat den Artnamen *Baum*.

Gattungsnamen

Lebewesen und Dinge **ähnlicher Art** gehören bekanntlich zu einer Gattung; auch für diese Besonderheit hält unsere Sprache besondere Substantive bereit: die **Gattungsnamen**.

Zum Beispiel weisen *Stuhl, Tisch* und *Schrank* in wichtigen Merkmalen eine Ähnlichkeit auf und gehören daher zur Gattung der *Möbel*. Auch ein *Horn*, eine *Flöte* und eine *Trompete* sind in gewisser Hinsicht ähnlich und gehören daher zu einer gemeinsamen Gattung: der Gattung der *Blasinstrumente*.

Und mit welchen anderen Arten hat der *Gorilla* und der *Orang Utan* Ähnlichkeit? Natürlich: Beide gehören zusammen mit dem *Schimpansen* zur Gattung der *Menschenaffen*.

Eigennamen – Artnamen – Gattungsnamen

Mit diesen Substantiven kann man eine begriffliche Stufenleiter bilden vom Eigennamen über den Artnamen zum Gattungsnamen: *Karl der Große* (ihn gab es nur ein einziges Mal) hatte mit *Kaiser Augustus* und *Kaiser Barbarossa* den Beruf des Kaisers gemeinsam (sein Artname ist also *Kaiser*), und da alle Kaiser Menschen sind, gehörte er zur Gattung *Mensch*.

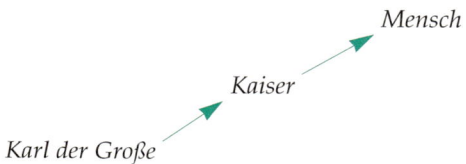

Beispiel

Andere Substantive könnten so in Verbindung gebracht werden:

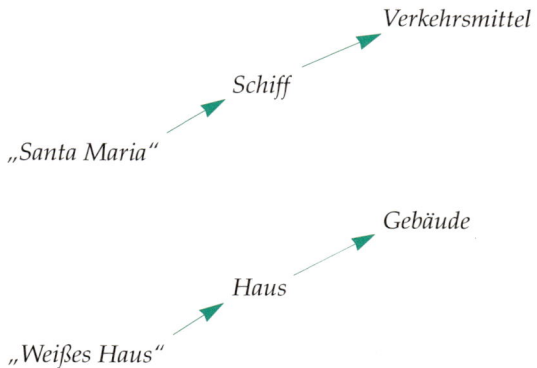

Beispiel

Du siehst, dass unter einem Gattungsnamen mehr Lebewesen und Dinge zusammengefasst werden als unter einem Artnamen. Es gibt also mehr *Menschen* als *Kaiser*, mehr *Verkehrsmittel* als *Schiffe* und mehr *Gebäude* als *Häuser*.

Sammelnamen (Kollektiva)

Bei den bisher aufgeführten Substantiven handelt es sich um Wörter, die jeweils ein einzelnes Lebewesen oder Ding bezeichnen. So ist das Substantiv *Rose* immer ein Name für jede einzelne Rose und das Substantiv *Zuversicht* ein Name für jede einzelne zuversichtliche Haltung.

Es gibt aber eine Gruppe von Substantiven, die **Namen für mehrere Lebewesen oder mehrere Dinge zugleich** sind, sozusagen **Sammelnamen**.

So meint das Substantiv *Familie* stets mehrere Menschen, und das Wort *Wald* bezeichnet eine Vielzahl von Bäumen.

Ähnlich verhält es sich mit Wörtern wie *Volk, Gesellschaft, Menschheit, Gruppe, Flotte, Heer*.

Zusammengesetzte Substantive (Komposita)

In der deutschen Sprache hat man die Möglichkeit, mehrere Substantive zu einem einzigen Wort zusammenzufügen. Dadurch kann man ein allgemeineres **Grundwort**, z. B. *Tür*, **näher bestimmen**, z. B. *Rathaustür, Kirchentür, Schultür* und ihm dadurch eine genauere Bedeutung geben; solche Art der Zusammensetzung ist außerdem praktisch und kurz: anstatt *Tür des Rathauses: Rathaustür*.

Die neu entstandenen Wörter heißen **Komposita**. Diese Bezeichnung stammt wieder aus dem Lateinischen und bedeutet „das Zusammengesetzte".

Schreibweise von Substantiven
Substantive werden immer **groß**geschrieben. Bei einem geschriebenen oder gedruckten Text lassen sie sich leicht erkennen, da sie außer dem Satzanfang die einzigen Wörter sind, die großgeschrieben werden.

Übung

A5

Sechs Substantive stellen sich vor:

```
W
E
C      G
KUGEL
E      ÜBUNG
R      C
       KRAFT
          E
          L
          L
          E
          R
```

Welche gehören zur Gruppe der **Konkreta** und welche zu den **Abstrakta**?

Konkreta: _____

Abstrakta: _____

Übung

A6

Welchen **Eigennamen** hat die Hauptstadt von England?

Der Eigenname lautet: _____

Wie heißt der Mann, der im Jahre 1492 Amerika entdeckt hat?

Der Entdecker heißt: _____

Was ist das?
Es lebt in Afrika und Indien, hat kleine Augen, besonders große Ohren, zwei auffallende Stoßzähne und eine ungewöhnliche „Nase", die auch zum Greifen geeignet ist?

Alle Lebewesen, die diese Merkmale gemeinsam haben, werden mit dem

Artnamen _____ bezeichnet.

Löwe, Tiger und *Bär* haben zwar wenig gemeinsam, in gewisser Hinsicht sind sie sich aber doch ähnlich; sie gehören nämlich alle zur **Gattung** der

A8

_____

Aus einer Stufenleiter der Substantive kann man eine Pyramide bilden, indem man mehrere Stufenleitern zusammenfügt und immer höhere Gattungsnamen findet, z. B.

A9

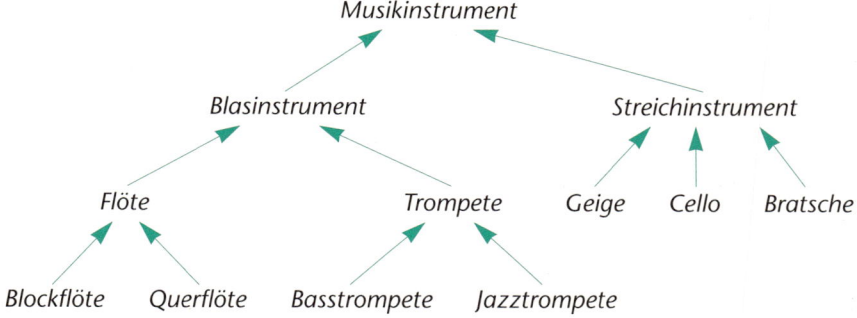

Bilde nun aus folgenden Substantiven eine Pyramide:
Schlange – Hecht – Wirbeltiere – Schildkröte – Fische – Eidechse – Hai – Kriechtiere – Karpfen

_____

_____   _____

_____   _____   _____   _____   _____   _____

Durch eine kleine Vorsilbe lassen sich einige Substantive zu **Sammelnamen** umformen, wobei sich einzelne Buchstaben ändern können. Welche Vorsilbe mag dies sein? (Wenn du die Lösung an den Substantiven *Busch, Wolke, Stein* erprobst, wirst du die gesuchte Vorsilbe bestimmt gleich finden.) Kennst du noch weitere Beispiele?

A10

Die Vorsilbe heißt _____; die Sammelnamen zu den genannten Substantiven heißen nämlich:

_____

Übung A11

Die *Donaudampfschifffahrtsgesellschaftskapitänsgalauniform* ist ein bekanntes Beispiel für „Bandwurmwörter" der deutschen Sprache. Da solche Komposita unnatürlich sind, wollen wir Wortzusammensetzungen an normalen Beispielen üben.

Wir nehmen ein **Kompositum**, z. B. *Kleiderschnitt*, und verbinden dessen zweiten Teil *-schnitt* mit einem neuem Substantiv, z. B. *Blume*, zu einem neuen Kompositum, z. B. *Schnittblume*.
Nun setzen wir diese Kette fort, z. B.:
Blumentopf – Topfpflanze – Pflanzenschutz – Schutzhülle

In den folgenden Übungen stehen jeweils das 1. Kompositum (im 1. Beispiel: *Scherzfrage*) und das letzte Kompositum (im 1. Beispiel: *Türgriff*) an der richtigen Stelle. Die dazwischen befindlichen Komposita stehen nicht in der richtigen Reihenfolge.
Wie sieht nun die Kette der zusammengesetzten Substantive bei den folgenden Beispielen aus?

Scherzfrage – Block – Haus – Zeichen – Türgriff

Die Komposita-Kette lautet: _____

_____

Bratkartoffel – Land – Spiel – Acker – Karte – Platzverweis

Die Komposita-Kette lautet: _____

_____

Sommerferien – Musik – Koffer – Reise – Radio – Wettbewerb – Teilnehmerzahl

Die Komposita-Kette lautet: _____

_____

Übung A12

Substantive werden **groß**geschrieben. Schade, dass es hierfür noch keine automatische Korrektur gibt; dann wäre folgende fehlerhafte Wortliste nämlich nicht zustande gekommen:

lesen	*brett*	*adler*	*tiger*
schuh	*leicht*	*laufen*	*igel*
unterhaltung	*spatz*	*richtig*	*zerbrechen*
lachen	*treppe*	*natur*	*verlust*

Wenn du die **Anfangsbuchstaben** aller falsch geschriebenen Wörter hintereinander schreibst, ergibt sich das Wort _____

3. Artikel/Geschlechtswort

Jedes Substantiv hat ein Geschlecht, ein **Genus** (lat. *genus = Geschlecht*); es kann nämlich sein:

männlich/maskulinum   (lat. *masculinum = männlich*)
weiblich/femininum   (lat. *femininum = weiblich*)
sächlich/neutrum   (lat. *neutrum = keines von beiden*)

Hierbei haben viele Substantive, die ein Lebewesen bezeichnen, dessen **natürliches Geschlecht**. So haben die Substantive *Mann, Vater* und *Sohn* natürlich ein männliches Geschlecht und die Substantive *Frau, Mutter* und *Tochter* ein weibliches Geschlecht.

Nun sollte man eigentlich vermuten, dass alle leblosen Gegenstände, die ja weder männlich noch weiblich sind, ein **neutrales Geschlecht** haben, also sächlich sind. Dies ist aber selten der Fall, wie folgende Beispiele zeigen:

der Ozean	*die Nordsee*	*das Mittelmeer*	*Beispiele*
der Löffel	*die Gabel*	*das Messer*	
der Mond	*die Sonne*	*das Gestirn*	
der Omnibus	*die Eisenbahn*	*das Flugzeug*	
der Käse	*die Wurst*	*das Brot*	

Eine Regel für die Bestimmung des **grammatischen Geschlechts** gibt es nicht. Aus Gewohnheit sprechen wir meist richtig; in Zweifelsfällen können wir im Duden nachschlagen.

In der Beispiel-Übersicht oben stehen vor den Substantiven, deren Genus erkannt werden sollte, kleine **Begleiter**. An ihnen lässt sich das Geschlecht ablesen; es sind die **Geschlechtswörter** oder **Artikel**.

Die Artikel werden nur in Verbindung mit einem Substantiv gebraucht.

Bestimmter (definiter) Artikel – unbestimmter (indefiniter) Artikel

Im Deutschen gibt es zwei verschiedene Arten von Artikeln:
– den **bestimmten Artikel**   *der – die – das*
– den **unbestimmten Artikel**   *ein – eine – ein*.

Den **bestimmten Artikel** wendet man an, wenn von einem ganz bestimmten Lebewesen oder Ding die Rede ist.

Der Naturfilm gestern hat mir gut gefallen. Besonders beeindruckend waren die Großaufnahmen der Insektenaugen.   *Beispiele*

Den **unbestimmten Artikel** wendet man an, wenn irgendein beliebiges Lebewesen oder Ding gemeint ist.

Beispiel | *Bei einer Nahaufnahme erkennt man viele aufregende Einzelheiten. Sandra wünscht sich zum Geburtstag ein Mikroskop.*

Wie unbestimmte Artikel eingesetzt werden, kann man besonders deutlich an den Einleitungssätzen von Märchen erkennen:

Beispiel | *Es war einmal ein König, der hatte eine schöne Tochter; sie hieß Laudine. Eines Tages rief er die Tochter zu sich und sprach zu ihr ...*

Die Tochter wird zunächst mit dem unbestimmten Artikel *eine* vorgestellt; wenn sie aber dem Leser bekannt ist, erhält sie den bestimmten Artikel *die*.

Übung

A 13

Du kennst sicherlich das Spiel „Teekesselchen", bei dem man ein Substantiv raten muss, das zwei Bedeutungen hat, z. B.

das Schild (an der Tür) – *der Schild* (Teil der Rüstung)
das Tor   (durch das man geht) – *der Tor*   (ein törichter Mensch)

Ordne nun folgende Substantive nach ihrem Geschlecht und schreibe die beiden Möglichkeiten mit dem jeweils passenden Artikel dazu:
Leiter – Tau – Bauer – Kunde – Steuer – Stift – See – Weise – Verdienst

maskulinum	**femininum**	**neutrum**
_____	_____	_____
_____	_____	_____
_____	_____	_____
_____	_____	_____
_____	_____	_____
_____	_____	_____
_____	_____	_____
_____	_____	_____

Übung

A 14

Setze in nachstehenden Sprichwörtern die fehlenden Artikel ein und bestimme ihr Geschlecht.
Überlege, warum gerade hier **unbestimmte Artikel** stehen.

1. Besser _____ Spatz in der Hand als eine Taube auf dem Dach.

(Der unbestimmte Artikel hat _____ Geschlecht.)

2. Wer anderen _____ *Grube gräbt, fällt selbst hinein.*

(Der unbestimmte Artikel hat _____ Geschlecht.)

3. Was _____ *Häkchen werden will, krümmt sich beizeiten.*

(Der unbestimmte Artikel hat _____ Geschlecht.)

Der unbestimmte Artikel ist hier geeigneter als der bestimmte, weil

_____

_____

Und weil es Spaß macht:
Wusstest du schon,
- dass *eine* Zeitungsente nicht schnattert?
- dass *ein* Ladenhüter nicht aufmerksam sein muss?
- dass *ein* Fliegenpilz nichts vom Fliegen hält?

4. Adjektiv/Eigenschaftswort

Endlich ist wieder einmal ein Zirkus in der Stadt. Natürlich möchte jeder wissen, was es dort zu sehen gibt. Und so kündigt das Plakat bereits einige besondere Attraktionen der Vorstellung an.
Hierzu bedient es sich einer Wortart, die sehr gut geeignet ist, Besonderheiten einer Person oder Sache auszudrücken:

Die Tierbändiger sind mutig
und die Wüstenlöwen wild.
Die Artisten sind unübertrefflich
und die Trapezkünstler tollkühn.
Die Clowns sind weltberühmt
und die Laune soll lustig werden.

Durch die Verwendung solcher erläutender Wörter kann man sich die Darbietungen schon gut vorstellen.

Auch diese Wortart hat mehrere Bezeichnungen:
- **Eigenschaftswort**, weil es sich eben zur Kennzeichnung von **Eigenschaften** so gut einsetzen lässt,
- **Wiewort**, weil es sagt, **wie** etwas ist,
- **Artwort**, weil es die besondere **Art** von etwas beschreibt,
- **Beiwort/Adjektiv**, weil es einem anderen Wort **bei**gefügt wird. (Die Bezeichnung **Adjektiv** stammt wieder aus dem Lateinischen und bedeutet: hinzugefügt.)

Aufgabe eines Adjektivs ist es also, **ein Lebewesen oder ein Ding näher zu beschreiben** oder – grammatisch ausgedrückt – ein Substantiv näher zu beschreiben. Man verwendet es gern dann, wenn es auf Genauigkeit oder Ausführlichkeit ankommt.

Indische Elefanten sind eben etwas anderes als *afrikanische* Elefanten.

Steigerung von Adjektiven

(Komparation – wörtlich: Vergleichung**)**

Wenn die Hervorhebung einer Eigenschaft durch ein normales Adjektiv noch nicht ausreicht, so lassen sich die meisten Adjektive auch noch steigern, d. h. es gibt sie in der

Beispiele
- **Grundstufe (Positiv)**   z. B. *klein, dick, dünn*
- **Vergleichsstufe (Komparativ)**   z. B. *kleiner, dicker, dünner*
- **Höchststufe (Superlativ)**   z. B. der *kleinste . . .*, der *dickste . . .*, der *dünnste . . .*

Solche verschiedenen Grade eines Adjektivs treten klar hervor, wenn man Unterschiedliches miteinander vergleicht, z. B.

Beispiele   *Sohn – Vater – Großvater*
Bach – Fluss – Strom
Hund – Löwe – Elefant

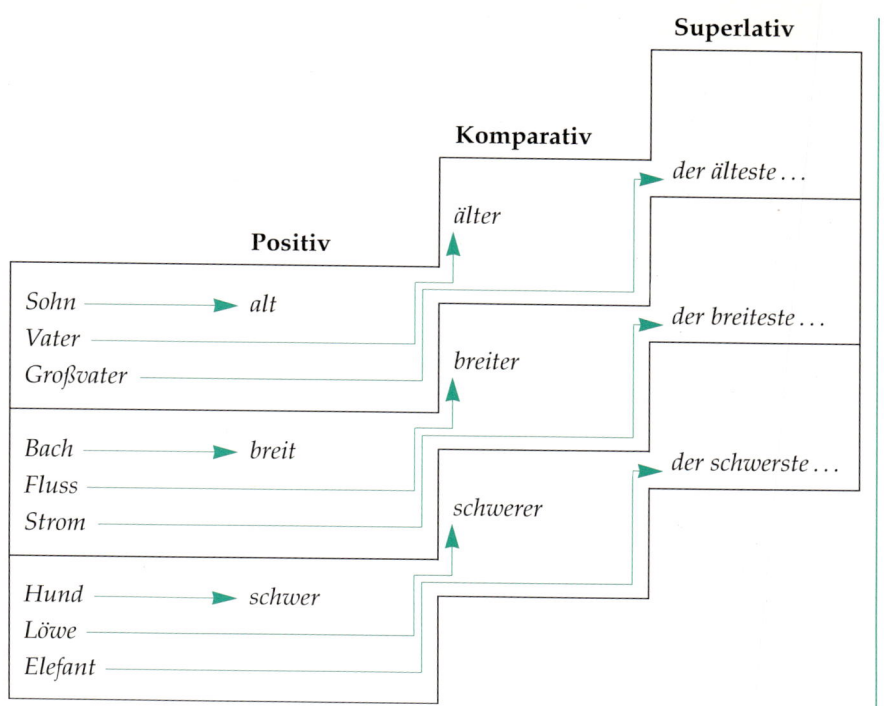

Einige Adjektive werden unregelmäßig gesteigert. Du kennst sie bestimmt:

Positiv	Komparativ	Superlativ
gut	*besser*	die *beste* ...
viel	*mehr*	das *meiste* ...

Beispiele

Dass einige Adjektive sich gar nicht steigern lassen, leuchtet ein, wenn man sich ihren Sinn klarmacht:

tot – ewig – schriftlich – einzig

Beispiele

Abgeleitete Adjektive

Viele Adjektive haben eine auffallende **Nachsilbe (Suffix)**, an der man ablesen kann, dass diese Adjektive von einem anderen Wort abgeleitet sind:

königlich	– von *König* abgeleitet
sommerlich	– von *Sommer* abgeleitet
holzig	– von *Holz* abgeleitet
freudig	– von *Freude* abgeleitet
veränderbar	– von *verändern* abgeleitet
überprüfbar	– von *überprüfen* abgeleitet

Beispiele

Die Endungen dieser Adjektive haben alle eine bestimmte Bedeutung. So bedeutet die Nachsilbe

Beispiele

-lich : Es gleicht / ist von der Art wie …
königlich : Ein Mensch gleicht einem *König*, ist von der gleichen Art wie ein *König*.
sommerlich : Das Wetter gleicht dem *Sommer*, ist von der gleichen Art wie der *Sommer*.

-ig : Es enthält / besteht aus …
holzig : Ein Gegenstand enthält / besteht aus *Holz*.
freudig : Eine Stimmung enthält / besteht aus *Freude*.

-bar : Es kann / hat die Fähigkeit zu …
veränderbar : Etwas kann sich *verändern*, hat die Fähigkeit, sich zu *verändern*.
wiederholbar : Etwas kann *wiederholt* werden, hat die Fähigkeit, sich zu *wiederholen*.

Kleine Zauberkunststücke: Adjektive werden zu Substantiven

„Habt ihr schon gehört? Wir bekommen eine Neue in unsere Klasse." So tuschelt man in der 6b auf dem Schulhof. „Morgen soll sie kommen." „Hoffentlich ist sie nett; auf ’ne Doofe können wir verzichten." „Wart doch erst mal ab!" „Neben mir ist noch ein Platz frei; dann habe ich wenigstens wieder eine Nachbarin." „Sie soll ganz gut in der Schule sein." „Aber bloß nicht zu gut!" „Dann bekommt der Beste endlich mal Konkurrenz!" „Ob sie einen auch abschreiben lässt?" „Werden wir ja sehen!" „Die Neue heißt übrigens Julia."

Nanu? Enthält dieser Text nicht ein paar Schreibfehler? Stand nicht im vorletzten Kapitel, dass nur Substantive und Satzanfänge **groß**geschrieben werden? Und jetzt heißt es hier:

Beispiel | … *eine Neue* … *’ne Doofe* … *der Beste* … *die Neue.*

Des Rätsels Lösung ist einfach: Adjektive lassen sich zu Substantiven umwandeln (man sagt auch **substantivieren**), indem man einen Artikel davorsetzt (oder davorsetzen könnte).
So wird aus dem Adjektiv *neu* das Substantiv *eine Neue* und aus dem Superlativ des Adjektivs *gut* das Substantiv *der Beste*.

Achtung! Du musst bei diesem kleinen Zaubertrick ein bisschen aufpassen: Es gibt nämlich eine **Ausnahme**:
Die Großschreibung eines Adjektivs erfolgt nicht, wenn man sich ein eindeutiges Substantiv hinzudenken kann (eindeutig ist es in der Regel dann, wenn es gerade vorgekommen ist), z. B.
– *Welche Farbe ist die schönste (Farbe)?*
– *Dies ist keine argentinische Briefmarke, sondern eine brasilianische (Briefmarke).*
In solchen Fällen ist das Adjektiv nur der Begleiter des gedachten Substantivs und wird weiterhin **klein**geschrieben.

Thomas hat mit seinem Bruder Stefan eine Baumhütte gebaut. In einem Brief erzählt er seinem Freund Michael davon.
Damit sich Michael die Laubhütte gut vorstellen kann, verwendet Thomas zahlreiche **Adjektive**. Suche sie heraus und unterstreiche sie.

Übung

A 15

Lieber Michael!   *Tübingen, den 7. Mai 1998*   *Originaltext*

Stell dir vor, Stefan und ich haben uns gestern eine richtige Baumhütte gebaut. Wir besorgten uns verschiedene Bindfäden, Draht und dicke Seile und zogen damit in unser kleines Wäldchen. Dann suchten wir einen geeigneten Baum mit einer breiten Astgabel, sammelten stabile Zweige mit dichtem Laub und befestigten sie so an den benachbarten Ästen, dass sie Schutzwände bildeten. Die offene Türseite soll uns zum heimlichen Ausguck dienen. Zum Schluss legten wir als Dach noch Zweige über und ließen uns auf der gemütlichen Astgabel nieder. Wenn du uns das nächste Mal besuchst, können wir bestimmt dort zu dritt sitzen.

Herzliche Grüße
dein Thomas

Was ist schwerer – ein Kilo Blei oder ein Kilo Federn? Lass dich nicht verunsichern: Natürlich ist ein Kilo Blei genauso schwer *wie* ein Kilo Federn.
Aber . . .
fällt im luftleeren Raum ein Geldstück schneller *als* ein gleich großes Stück Papier?
Diese Frage ist schon schwieriger. Kreuze die richtige Antwort an:

Übung

A 16

Im luftleeren Raum	↓
– fällt ein Geldstück schneller *als* ein gleich großes Stück Papier.	
– fällt ein Geldstück langsamer *als* ein gleich großes Stück Papier.	
– fällt ein Geldstück genauso schnell *wie* ein gleich großes Stück Papier.	

Beim Vergleichen verschiedener Dinge gibt es zwei unterschiedliche **Vergleichswörter:** *wie* und *als*.

Aus der Anwendung der beiden Wörter im Übungstext können wir Regeln für deren Gebrauch ableiten:

Beispiel | *Mein Freund ist genauso alt wie ich.*

Beim Vergleichen _____ Dinge verwendet man das Vergleichswort *wie*.
Das Adjektiv steht in solchen Fällen im Positiv.

Beispiel | *Ein Ferientag ist schöner als ein Schultag.*

Beim Vergleichen _____ Dinge verwendet man das Vergleichswort *als*.
Das Adjektiv steht in solchen Fällen im Komparativ.

Übung
A17

Leite von folgenden Wörtern unter Verwendung einer **Nachsilbe** Adjektive ab und trage sie in die Tabelle ein:

Wald – Abend – Vergnügen – halten – Sand – genießen – essen – Gebirge – Freund

Nachsilbe *-lich*	Nachsilbe *-ig*	Nachsilbe *-bar*
_____	_____	_____
_____	_____	_____
_____	_____	_____

Übung
A18

Der folgende Text enthält einige Rechtschreibfehler; verbessere sie!

Lesen macht Freude. Wenn man sich in ein spannendes Buch vertieft, vergisst man das alltägliche, und die Welt wird weit. Man reist in Gedanken in ferne Länder, und das fremde erscheint vertraut. Man lernt freundliche Menschen kennen und gefährliche, hilfreiche und verschlagene; das neue hat viele Gesichter.
Ein gutes Buch kann so fesseln, dass man gar nicht hört, wenn man gerufen wird.

5. Pronomen/Fürwort

Eine Maus saß einmal vor ihrem Mauseloch und blinzelte in die Sonne. Da dachte die Maus: Ach, wäre das Mäuseleben schön, wenn es keine Katzen gäbe, die den Mäusen das Leben so schwer machen.
Plötzlich schreckte die Maus auf und...

Beispiel

Obwohl die Geschichte recht spannend zu werden scheint, macht es wenig Spaß weiterzulesen.
Merkst du, woran das liegt?
Lies den Anfang mit kleinen Abwandlungen noch einmal:

Eine Maus saß einmal vor ihrem Mauseloch und blinzelte in die Sonne. Da dachte sie: Ach, wäre das Mäuseleben schön, wenn es keine Katzen gäbe, die uns das Leben so schwer machen.
Plötzlich schreckte sie auf und...

Beispiel

Was ist geschehen? Der zweite Text macht von der Möglichkeit unserer Sprache Gebrauch, anstelle der schwerfälligen Wortwiederholungen *(eine Maus – die Maus – den Mäusen – die Maus)* ein **Für-Wort (Pro-Nomen)** einzusetzen, das als **Stellvertreter** Abwechslung schafft *(eine Maus – sie – uns – sie)*.
Diese Wortgruppe wollen wir jetzt kennen lernen.

Die Pronomen bilden keine so geschlossene Einheit wie die übrigen Wortarten: Ihre einzige formale Gemeinsamkeit besteht darin, dass sie – wie das Beispiel zeigt – ein Substantiv **vertreten** können.

Einige von ihnen können jedoch auch zusammen mit einem Substantiv als dessen **Begleiter** auftreten, z. B.

Dieses Kästchen würde ich gern haben.

Beispiel

Personalpronomen/persönliches Fürwort

Diese Art der Pronomen haben wir gerade kennen gelernt: die Stellvertreter für Personen und Sachen; sie heißen deshalb **Personalpronomen** oder **persönliche Fürwörter**:

ich	*wir*
du	*ihr*
er/sie/es	*sie*

Beispiel

Man kann an ihnen ablesen, ob der Sprecher selbst gemeint ist (**1. Person:** *ich – wir*) oder eine angesprochene Person (**2. Person:** *du – ihr*) oder ob von einer **3. Person** gesprochen wird (*er/sie/es – sie*):

Beispiel | *Steffi hat bald Geburtstag. Ihre Freundinnen unterhalten sich darüber, ob sie wohl eine Geburtstagsfeier veranstalten wird.*

Hier sprechen die Freundinnen über Steffi, also über eine 3. Person.

Possessivpronomen/besitzanzeigendes Fürwort

Wenn Eva ihren Bruder Martin fragt: *Tauschst du deine Briefmarken gegen meine Filzstifte?*, so wird deutlich, dass die Briefmarken Martin gehören und die Filzstifte Evas Eigentum sind.
Die Formulierung *deine Briefmarken* vertritt also den Ausdruck *Martins Briefmarken*, und *meine Filzstifte* steht für *Evas Filzstifte*.

Mit solchen Wörtern können wir also den Besitzer einer Sache angeben, ohne ihn noch einmal ausdrücklich zu nennen; sie sind **besitzanzeigende Fürwörter** oder **Possessivpronomen**:

Beispiel | *mein*   *unser*
| *dein*   *euer*
| *sein/ihr*   *ihr*

Demonstrativpronomen/hinweisende Fürwörter

Wollen wir mit Nachdruck auf etwas hinweisen, so können wir hierzu die Wortart benutzen, die wie ein sprachlicher Zeigefinger wirkt: das **Demonstrativpronomen** oder **hinweisende Fürwort**.

Beim Sprechen fallen diese Wörter besonders durch ihre Betonung auf.

Beispiele | *Das hätte ich nicht von dir gedacht!*
| *Dies hättest du mir wenigstens vorher sagen können!*
| *Dann hätte ich nicht eine solche Enttäuschung erleben müssen!*

Relativpronomen/bezügliches Fürwort

Die Aufgabe dieser Wortart lässt sich leichter verstehen, wenn man sich klarmacht, dass das Wort *bezüglich* verwandt ist mit dem Wort *Beziehung*.
Es handelt sich bei dem **Relativpronomen**, dem **bezüglichen Fürwort**, nämlich um eine Wortart, die sich immer auf ein vorangehendes Wort bezieht.

Beispiel | *Das Buch, das ich am Wochenende gelesen habe, war sehr spannend.*

In diesem Satz bezieht sich das Relativpronomen *das* auf das vorangehende Wort *Buch.*

Das Kapitel, welches ich besonders interessant fand, solltest du einmal lesen.

| *Beispiel*

Hier bezieht sich das Relativpronomen *welches* auf das vorangehende Wort *Kapitel.*

Interrogativpronomen/fragendes Fürwort

Wer hat als Erster den Atlantik überflogen?
Wo findet man Bernstein?
Wann wurde die Buchdruckerkunst erfunden?

Beispiele

Wenn wir solche Fragen stellen, bedienen wir uns der **Interrogativpronomen**, der **fragenden Fürwörter**.

Man kann sich diese Wortart gut daran merken, dass alle Interrogativpronomen mit dem Buchstaben *w* beginnen:

wer? wessen? wem? wen? was für ein? welcher? wohin?
womit? wodurch? wozu? warum? weshalb?

Woher die Fremdwörter für die Pronomen abgeleitet sind, siehst du anhand dieser Übersicht über die lateinischen Herkunftswörter:

lateinisch	deutsch
pro	– für
nomen	– Name, Wort
persona	– Person
possidere	– besitzen
demonstrare	– zeigen
relativum	– das auf etwas Bezogene
interrogare	– fragen
indefinitum	– das nicht näher Bestimmte

Indefinitpronomen/unbestimmtes Fürwort

Ein Junge ruft ganz aufgeregt:

„Man hat mir mein Fahrrad gestohlen!
Jemand hat es sich einfach genommen!
Hat denn niemand den Dieb gesehen?"

Beispiele

Da der Junge nichts Genaues über den Fahrraddieb weiß, bezeichnet er ihn mit einem **unbestimmten Fürwort**, einem **Indefinitpronomen**. Diese Wortart verwendet man immer dann, wenn man keine bestimmte Person meint. (… Auch im vorangehenden Satz wurde ein Indefinitpronomen gebraucht, weil keine bestimmte Person gemeint ist, sondern irgendeine beliebige Person: *man*.)

Wie war das noch?   In der 1. Person – spricht man von sich selbst,
in der 2. Person – spricht man jemanden an, und
in der 3. Person – spricht man über eine weitere Person.

Und welche Personen nennt der bekannte Abzählvers?

*Ich und du
Müllers Kuh,
Müllers Esel,
Das bist du.*

Der Abzählvers nennt die _____ und _____ *Person.*

Welche **Personalpronomen** müsste man wählen, wenn *Müllers Kuh* und *Müllers Esel* durch einen Stellvertreter ersetzt werden sollten?

Der Stellvertreter für *Müllers Kuh* hieße: _____

Der Stellvertreter für *Müllers Esel* hieße: _____

Beide Personalpronomen betreffen die _____ Person.

A 20 *Björn bekommt von dem Internetfreund in England eine Einladung. Er zeigt sie strahlend den Eltern und bettelt: „Bitte, bitte, darf ich den Freund besuchen?"*

Vermutlich wird dir der Stil dieses kleinen Textes an drei Stellen nicht gefallen; dort erwartet man nämlich die Verwendung eines **Possessivpronomens**. Schreibe die Sätze noch einmal ab; setze dabei gleich die passenden Possessivpronomen ein und unterstreiche sie.

_____

_____

_____

Du merkst, jetzt wirkt der Text viel eleganter.

A 21 Du darfst dir einen neuen Pullover kaufen. Die Auswahl ist groß. Schließlich hast du dich nur noch zwischen zwei Modellen zu entscheiden. Nach längerem Abwägen nimmst du einen Pullover mit den Worten „Diesen möchte ich haben", während du den anderen mit den Worten „Diesen nicht" beiseite schiebst.
Welches **Demonstrativpronomen** könnte man auch für den Pullover verwenden, der beiseite geschoben wird?

Das Demonstrativpronomen _____ wäre hier auch geeignet.

A 22 So ein Pech! Bei einer Schnitzeljagd beginnt es zu regnen, und noch sind nicht alle Aufgaben gelöst, die auf den Zetteln stehen. Warum hatte die andere Mannschaft auch keinen Kugelschreiber benutzt!
Nun muss die Verfolgertruppe rätseln, was die verschmierten Buchstaben bedeuten.

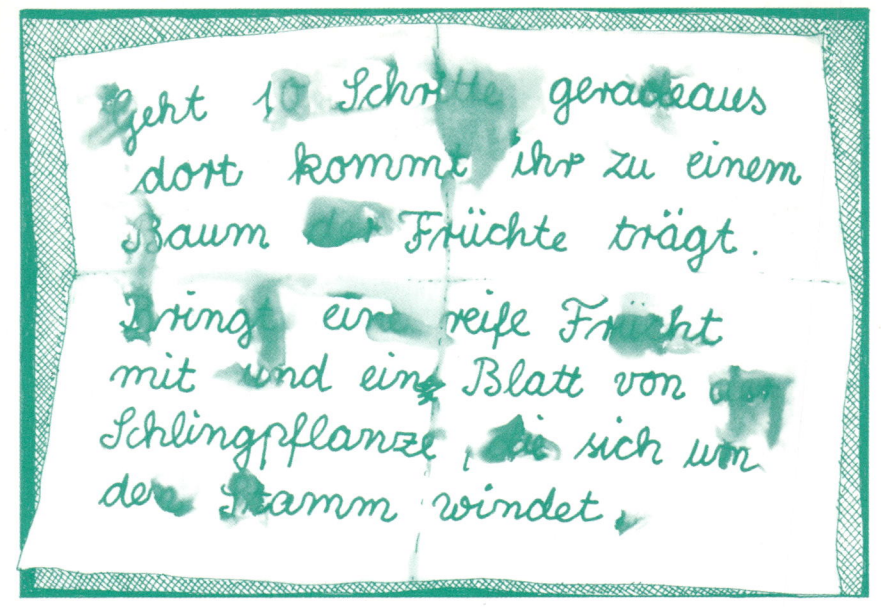

Geht 10 Schritte geradeaus
dort kommt ihr zu einem
Baum der Früchte trägt.
Bringt eine reife Frucht
mit und ein Blatt von der
Schlingpflanze, die sich um
den Stamm windet.

Ob du den Aufgabenzettel entziffern kannst? Schreibe ihn neu und unterstreiche dabei die **Relativpronomen**, die verwendet werden.

_____

_____

_____

_____

_____

_____

Wir Wiener Waschweiber wollen weiße Wäsche waschen, wenn wir wüssten, wo warmes Wasser wär.

Übungen

A23

A24

In diesem bekannten Zungenbrecher verbirgt sich ein **Interrogativpronomen**.

Es lautet: _____

Kennst du die Sage von dem griechischen Helden Odysseus, der nach dem Krieg um Troja eine lange Irrfahrt nach Hause erleben musste? Dann erinnerst du dich bestimmt auch an die List, mit der er den großen Riesen Polyphem täuschte: Er nannte ihm, als dieser ihn nach seinem Namen fragte, einen falschen Namen, nämlich

_____

Und was hat diese Geschichte hier zu suchen? Ach so, der erfundene Name ist ein **Indefinitpronomen**.

6. Numerale/Zahlwort

Dass es von Bedeutung ist, ob wir mit einer kleinen oder großen Zahl von Lebewesen oder Dingen zu tun haben, erfahren wir täglich: sei es, dass die Straßenbahn überfüllt ist; sei es, dass die Schneehöhe noch nicht zum Skifahren ausreicht; sei es, dass das Taschengeld fast aufgebraucht ist.

Zum Feststellen von **Mengen**, zum Zählen steht uns das **Zahlwort/Numerale** zur Verfügung.

Hierbei unterscheidet man zwei Gruppen.

Unbestimmte Zahlwörter

Ist die Größe einer Menge nicht genau bekannt, so lässt sich die Anzahl mit einem **unbestimmten Zahlwort/Numerale** angeben:

Beispiel | *einige – viele – alle*

Für unsere Verständigung im Alltag reichen solche **allgemeinen Mengenangaben** oft aus. Möchte man beispielsweise von einem Zoobesuch erzählen, so ist es wichtig, dass *viele* Papageien sich im Freien aufhielten; ob es nun aber 17 oder 18 Vögel waren, spielt dabei keine Rolle.

Bestimmte Zahlwörter

Es gibt jedoch auch Anlässe, bei denen genaue Zahlenangaben besonders wichtig sind. So ist es durchaus entscheidend, ob es beim Tennis gerade *5:3* oder *2:4* steht und ob man beim Kirschkernspucken *Erster (Erste)* oder *Zweiter (Zweite)* geworden ist.

Für solche Fälle gibt es das **bestimmte Zahlwort/Numerale**, mit dem sich eine ganz **eindeutige Anzahl** von Lebewesen oder Dingen festlegen lässt:

Beispiele | *eins – zwei – drei*
der erste … – der zweite … – der dritte …

Wie die aufgeführten Beispiele zeigen, besitzt unsere Sprache zwei verschiedene Arten von bestimmten Zahlwörtern.

Kardinalzahlen/Grundzahlen

Darunter versteht man die **einfachen Zahlen**, mit denen wir **zählen:**

Beispiele

eins – zwei – drei . . .
zehn – zwanzig – hundert . . .
tausend – Million . . .

Da dir diese Zahlen alle wohl vertraut sind, folgt eine Übersicht der **Kardinalzahlen/Grundzahlen** von 1 bis 10 aus Sprachen, die du vielleicht aus dem Urlaub kennst:

Beispiele

Deutsch	Englisch	Französisch	Spanisch	Italienisch	Isländisch	Tschechisch
eins	one	un	un	uno	einn	jeden
zwei	two	deux	dos	due	tveir	dva
drei	three	trois	tres	tre	þrir	tři
vier	four	quatre	cuatro	quattro	fjórir	čtyri
fünf	five	cinq	cinco	cinque	fimm	pět
sechs	six	six	seis	sei	sex	šest
sieben	seven	sept	siete	sette	sjö	sedm
acht	eight	huit	ocho	otto	átta	osm
neun	nine	neuf	nueve	nove	níu	devet
zehn	ten	dix	diez	dieci	tíu	deset

Ist dir aufgefallen, dass diese Grundzahlen untereinander eine deutliche Ähnlichkeit aufweisen?
Daran erkennst du, dass die genannten Sprachen miteinander verwandt sind.

Ordinalzahlen/Ordnungszahlen

Neben den einfachen Zahlen gibt es die abgeleiteten Zahlen, die **Ordinalzahlen/Ordnungszahlen:**

Beispiele

erste – zweite – dritte . . .
zehnte – zwanzigste – hundertste . . .
tausendste – millionste . . .

Diese Ordnungszahlen unterscheiden sich von den Grundzahlen dadurch, dass sie – im Sinne einer **Rangordnung** – eine ganz bestimmte Reihenfolge innerhalb der Zahlenreihe festlegen.
Spricht man beispielsweise von einem *dritten* Platz beim Aufsatzwettbewerb, so ist man sich der besonderen Stelle dieses Platzes (nach dem *zweiten* und vor dem *vierten*) sehr wohl bewusst.
(Verwendet man jedoch beim Zählen von vorüberfahrenden Eisenbahnwagen die Grundzahl *neununddreißig*, so steht diese Zahl in keinem Zusammenhang mit anderen Zahlen.)

Ordne die folgenden **unbestimmten Zahlwörter** nach der Größe ihrer Menge und trage sie in den jeweils passenden Kreis ein:

einige – sämtliche – ein paar – viele – zahlreiche – wenige – alle

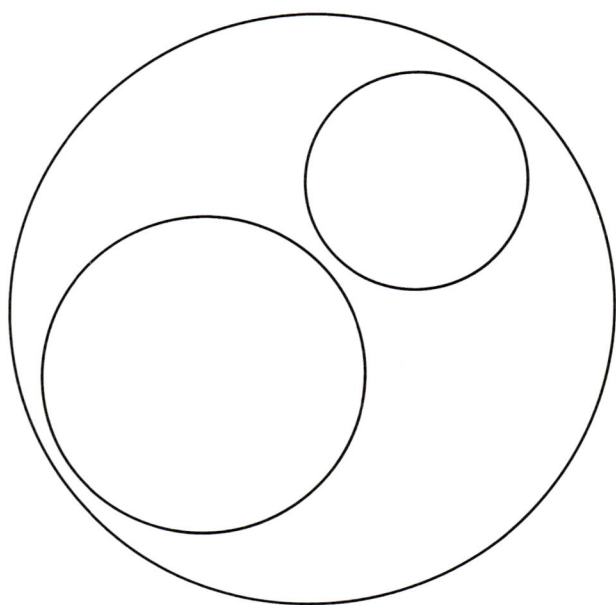

Die **Kardinalzahlen/Grundzahlen** bis *zehn* kennst du inzwischen in verschiedenen Sprachen; nun sind die Grundzahlen von *elf* bis *neunzehn* an der Reihe.

Wie werden sie im Deutschen gebildet? Welche von ihnen werden mit der Zahl *zehn* zusammengesetzt?

Die Zahlen von _____ bis _____ werden im Deutschen mit der Zahl *zehn* zusammengesetzt.

Einige Zahlen bereiten Rechtschreibprobleme . . .
Schreibe deshalb die Ziffern *16, 17* und *18* in Buchstaben aus:

16 = _____

17 = _____

18 = _____

Kannst du auch die Ziffern *70, 80* und *90* in Buchstaben übertragen?

70 = _____

80 = _____

90 = _____

Und wie schreibt man die Ziffer *1872* in Buchstaben?

1872= _____

Übrigens: Beim Ausfüllen eines Schecks werden die Geldbeträge – damit kein Fehler unterläuft – in Ziffern und zusätzlich in Buchstaben geschrieben.

Für einige Zahlen gibt es besondere Begriffe:
Welche Zahl meint man, wenn man von einem *Paar* oder einem *Dutzend* spricht?

Ein *Paar* ist ein Begriff für die Zahl _____ (Hierbei müssen die Gegenstände zueinander passen.)

Ein *Dutzend* ist ein Begriff für die Zahl _____

Du hast gelernt, dass die **Ordinalzahlen/Ordnungszahlen** auch abgeleitete Zahlen genannt werden, da sie von den Grundzahlen abgeleitet werden.
Bei dieser Ableitung fallen zwei unterschiedliche Endungen auf. Ob du sie erkennst?

Die Ordnungszahlen von *der erste* bis *der neunzehnte*

weisen die Endung -____ auf.

Die Ordnungszahlen von *der zwanzigste* bis *hundertste*

weisen die Endung -____ auf.

Und wie lassen sich die Ordnungszahlen von den Grundzahlen unterscheiden, wenn sie **als Ziffern** geschrieben werden?

Man setzt einen _____ hinzu.

Wie müsste folglich das Datum von Heiligabend in Ziffern geschrieben werden?

Heiligabend wird am _____ Dezember gefeiert.

Es hat sich eingebürgert, bestimmte Ordnungszahlen nicht in **arabischen** Ziffern (1., 2., 3. usw.), sondern in **römischen** Ziffern (I., II., III. usw.) zu schreiben, z. B. bei Herrschernamen.
Wie müsste also der englische König *Heinrich der Achte* korrekt geschrieben werden?

Die korrekte Schreibweise lautet: _____

7. Adverb/Umstandswort

Wie man aus dem Begriff **Adverb** bereits heraushört, hat diese Wortart meist eine enge Beziehung zum Verb (lat. ad = zu, bei, an); das Wort Ad-verb lässt sich also sinngemäß übersetzen: zum Verb gehörend.

Das Adverb ist dazu geeignet, die **näheren Umstände**, *unter denen etwas geschieht, anzugeben.*

Man nennt es daher auch **Umstandswort**.

Hierbei sind mancherlei Umstände denkbar, z. B. **wo, wann, wie** oder **warum** sich etwas ereignet. Ein Geschehen spielt sich ja nicht im luftleeren Raum ab, sondern
– an einem bestimmten **Ort**
– zu einer bestimmten **Zeit**
– auf eine bestimmte **Art und Weise**
– aus einem bestimmten **Grund**.

Obwohl auch noch weitere Umstände ein Geschehen begleiten könnten (z. B. **Bedingungen** und **Folgen**), wollen wir uns hier auf die vier genannten beschränken, da sie am häufigsten vorkommen.

Lokaladverbien/Umstandswörter des Ortes

Schön, dass du mit dem Fahrrad hierher gekommen bist! Dann lass uns gleich losfahren. Da drüben kenne ich einen herrlichen Radweg. Dort kann man gemütlich durch die Heide fahren und irgendwo picknicken.

In diesem Text werden einige **Lokaladverbien** verwendet:

Beispiele | *hierher, da drüben, dort, irgendwo*

Sie drücken den **Ort** des Geschehens aus (wo – woher – wohin).

Temporaladverbien/Umstandswörter der Zeit

Originaltext | *Heute soll es ein Feuerwerk geben. Gleich wird es losgehen. Endlich ist es so weit! Die ersten Leuchtkörper schießen in den Nachthimmel und sprühen bunte Sterne nach allen Seiten. Dann verglühen sie, und danach ist es für einen Augenblick ganz dunkel.*

Die **Temporaladverbien** dieses Textes lauten:

Beispiele | *heute, gleich, endlich, dann, danach*

Sie geben die **Zeit** eines Ereignisses an (wann – seit wann – wie lange – wie oft).

Modaladverbien/Umstandswörter der Art und Weise

Beinahe wäre ich heute aufgefallen. Insgeheim habe ich nämlich ständig auf meine Uhr geschielt. Obwohl Musikstunden mir eigentlich gefallen, hätte ich sie heute gern geschwänzt. Du weißt ja, warum ich so abgelenkt war. Ob unsere Mannschaft heute Nachmittag wohl gewinnt?

Einige der hier vorkommenden Adverbien sind **Modaladverbien:**

beinahe, insgeheim, eigentlich, gerne, so | *Beispiele*

Sie sagen etwas über die **Art und Weise** eines Geschehens aus (wie – auf welche Art und Weise).

Kausaladverbien/Umstandswörter des Grundes

Warum verliert diese Pflanze Blätter? Vielleicht bekommt sie zu wenig Wasser, und deshalb welkt sie; vielleicht fehlt ihr auch genügend Licht, und folglich verändern sich die Wachstumsbedingungen; oder aber sie steht an einem zugigen Platz, und daher rührt der Schaden. Deswegen müssten alle Möglichkeiten geprüft werden. | *Originaltext*

Der Text enthält die **Kausaladverbien:**

deshalb, folglich, daher, deswegen. | *Beispiele*

Sie dienen der Angabe des **Grundes** (warum – weshalb – aus welchem Grund).

Dass es neben diesen „echten" Adverbien auch andere gibt, die aus der Gruppe der Adjektive „ausgeliehen" werden, wirst du in einem späteren Kapitel ausführlicher erfahren (vgl. S. 104).

Fällt dir ein Adverb ein, das sowohl ein **Lokaladverb** als auch ein **Temporaladverb** sein könnte?

Es sollte in diese Kästchen passen:

Übungen

A28

A29

Ordne die nachstehenden Adverbien der richtigen Spalte zu und trage sie in die Tabelle ein:
darum – abends – manchmal – sehr – dorther – genug – trotzdem – auswärts – bald – mitten – beinahe – demnach

Lokaladverbien	Temporaladverbien	Modaladverbien	Kausaladverbien

Vervollständige die Kästchen, indem du solche Adverbien einsetzt, die jeweils einen **Gegensatz** bilden (ä = ein Buchstabe).

		f	r	ü	h						
			n	i	e						
s	e	l	t	e	n						
v	o	r	h	e	r						
d	a	n	a	c	h						

		d	o	r	t			
u	n	t	e	n		
h	i	n	t	e	n	
i	n	n	e	n		
n	i	r	g	e	n	d	s

Als Merkhilfe hier wieder eine Übersicht über die lateinischen Ursprungs-wörter:

lateinisch	deutsch
locus	– Ort
tempus	– Zeit
modus	– Art, Weise
causa	– Grund, Ursache

A 8. Präposition/Verhältniswort

Das kennst du doch! Da hat sich im Zimmer so manches angesammelt, und dann braucht man dringend den kleinen Zettel, auf dem eine wichtige Telefonnummer steht! Auf dem Tisch liegt er nicht, zwischen den Büchern nicht und in der Bleistiftbox auch nicht. Endlich – er liegt unter dem Kramkasten!

Um die Beziehung zwischen dem Zettel einerseits und dem Tisch, den Büchern, der Bleistiftbox, dem Kramkasten andererseits ausdrücken zu können, gibt es **Verhältniswörter**.

Beispiel | *Der Zettel liegt nicht auf dem Tisch, nicht zwischen den Büchern, nicht in der Bleistiftbox, sondern unter dem Kramkasten.*

Präpositionen dienen also dazu, das Verhältnis/die Beziehungen zwischen Lebewesen oder Dingen zueinander zu bezeichnen.

Sie beziehen sich daher immer auf Substantive oder deren Stellvertreter (die Pronomen), und da sie diesen meist vorangestellt werden, nennt man sie **Präpositionen** (lat. „vorangestellt"), z. B.

während, über, binnen, bei, bis, durch, gegen, mit, trotz, an, für, infolge, um … willen | *Beispiele*

Wie das vorige Kapitel gezeigt hat, gibt es recht verschiedene Verhältnisse, z. B.:

– **Lokalverhältnisse** (wie in der eben beschriebenen Suchaktion)

Auf dem Zettel steht eine wichtige Telefonnummer. | *Beispiele*
Ich hätte sie gleich in mein Telefonverzeichnis eintragen sollen.

– **Temporalverhältnisse**

Seit einer Viertelstunde suche ich schon. | *Beispiele*
Um vier Uhr wollte ich mich eigentlich verabreden.

– **Modalverhältnisse**

Ohne die Telefonnummer wird daraus nichts. | *Beispiele*
Mit Nervosität suche ich weiter … Endlich! Da liegt er!

– **Kausalverhältnisse**

Vor Erleichterung pfeife ich leise vor mich hin. | *Beispiele*
Fast wäre der schöne Nachmittag wegen meiner Schlamperei ausgefallen.

Einige Präpositionen können auch mit einem nachfolgenden **Artikel** verschmelzen; so entsteht dann z. B.
ins (aus: *in das*)   Ich schaue *ins* Regal.
im (aus: *in dem*)   Ich konnte den Zettel zunächst *im* Zimmer nicht finden.

Suche die **Präpositionen**, die jeweils zur Bezeichnung der folgenden Beziehungen passen.

Jan wartet _____ der Haltestelle auf den Bus. Da kommt sein Freund _____

seinem Hund. Sie fahren zusammen _____ die Stadt.

Präpositionen bezeichnen **Verhältnisse** zwischen Gegenständen.
Zwischen welchen Gegenständen werden in den folgenden Sätzen die Raumverhältnisse ausgedrückt?

Über meinem Schreibtisch hängt ein großes Poster meiner Lieblingsband.

Die Präposition *über* bezeichnet hier das Verhältnis

zwischen _____ und _____

Im Regal an der Wand stehen viele Bücher.

Die Präposition *im* bezeichnet hier das Verhältnis

zwischen _____ und _____

Meine Disketten dürfen nicht neben dem Monitor liegen.

Die Präposition *neben* bezeichnet hier das Verhältnis

zwischen _____ und _____

9. Konjunktion/Bindewort

Der Fachausdruck **Konjunktion** für das **Bindewort** leitet sich aus dem lateinischen Wort für „verbinden" her.

Konjunktionen haben die Aufgabe, **Verbindungen** zwischen einzelnen Wörtern, Wortgruppen oder ganzen Sätzen **herzustellen**.

Wie sinnvoll solche Verbindungswörter sind, kannst du an folgenden Beispielen erkennen:

Georg, Karl machen eine Schreinerlehre.	Dieser Satz klingt recht „abgehackt".	*Beispiele*
Georg und Karl machen eine Schreinerlehre.	Dieser Satz klingt doch viel eleganter.	
Auf der Werkbank liegen Holzstücke aus unterschiedlichem Material, Nägel in verschiedenen Größen.	Auch dieser Satz klingt recht steif.	
Auf der Werkbank liegen Holzstücke aus unterschiedlichem Material und Nägel in verschiedenen Größen.	Wenn man jedoch die beiden letzten Wortgruppen mit einer Konjunktion verbindet, glättet sich der Stil.	
Georg nimmt eine Kneifzange in die Hand. Mit kräftigem Druck zieht er einen Nagel aus dem Holz.	Hier stehen zwei Sätze ganz unverbunden nebeneinander, zwischen denen eine enge gedankliche Beziehung besteht.	
Georg nimmt eine Kneifzange in die Hand und mit kräftigem Druck zieht er einen Nagel aus dem Holz.	Durch die Konjunktion wird die gedankliche Beziehung zwischen beiden Sätzen auch sprachlich deutlich.	

Natürlich gibt es außer der Konjunktion *und* noch andere Konjunktionen:

oder, sowie, aber, doch, denn, entweder ... oder, weder ... noch   *Beispiele*

Besorge mir bitte Farbe und Pinsel sowie als Unterlage einen Lappen oder eine Zeitung, aber eine alte!

Durch die genannten Konjunktionen werden die verbundenen Teile **auf gleicher Stufe** nebeneinander geordnet; man nennt sie daher auch **nebenordnende/koordinierende Konjunktionen.**

Eine zweite Gruppe von Konjunktionen ist dagegen in der Lage, die verbundenen Teile **auf ungleicher Stufe** einander zuzuordnen; man nennt sie daher **unterordnende/subordinierende Konjunktionen:**

während, indem, weil, obwohl, so dass, damit, wenn, obwohl, nachdem   *Beispiele*

Hierbei zeigen die Konjunktionen an, dass der Satz, den sie einleiten, nicht die Hauptsache ist, sondern dass er sich dem anderen Satz gedanklich unterordnet.

Beispiel | *Während Herr Sander seinen Garten umgräbt, entdeckt er einen Regenwurm.*

Hier ist die Entdeckung des Regenwurms das Wichtigste; das Umgraben des Gartens ist nur eine Nebensache.

Beispiel | *Der Regenwurm entfernt sich rasch, **indem** er sich über die Erde schlängelt.*

Auch hier ist der Satz, der mit der Konjunktion *indem* eingeleitet wird, dem anderen Satz untergeordnet.

Beispiel | ***Weil** die Erde locker liegt, verkriecht er sich bald.*

Und welcher Satz ist in diesem Beispiel dem anderen untergeordnet? Natürlich derjenige, der mit der Konjunktion *weil* beginnt.

Übung

A33

Wie wir inzwischen wissen, können Konjunktionen einzelne Wörter, Wortgruppen oder ganze Sätze miteinander verbinden. Und wie verhält es sich damit in den nachstehenden Sätzen zum Bild unten? Wenn **einzelne Wörter** verbunden werden, trage 1 Sternchen in den Kasten ein; handelt es sich um die Verbindung von **Wortgruppen**, so trage 2 Sternchen ein; und bei der Verbindung von **ganzen Sätzen** setze 3 Sternchen in den Kasten.

Möchtest du dir Lose kaufen oder willst du lieber Karussell fahren?

Ich möchte gern eine Fahrt im Riesenrad oder eine Runde in der Geisterbahn erleben.

Wir können ja hinterher noch Süßigkeiten oder Lose kaufen.

Von den nachstehenden Sätzen sind jeweils 2 Sätze durch eine Konjunktion miteinander verbunden.

Handelt es sich um eine **nebenordnende Konjunktion**,

so soll das Bildelement ⬜⬜ gelten.

Handelt es sich um eine **unterordnende Konjunktion**,

so soll das Bildelement ⬜⬜ gelten.

Entscheide dich für das zutreffende Bild und trage in den Satzblock die vorkommende Konjunktion ein.

(1) Obwohl Herr Neumann heute eigentlich pünktlich nach Hause gehen wollte, (2) hatte er nach Geschäftsschluss noch eine Abrechnung anzufertigen.

| Satz 1 | Satz 2 | ? | | Satz 1 | Satz 2 | ? |

(3) Nachdem er die letzte Zahl geschrieben hatte, (4) machte er sich auf den Heimweg.

| Satz 3 | Satz 4 | ? | | Satz 3 | Satz 4 | ? |

(5) Auf dem Flur traf er noch einen Kollegen, (6) außerdem begegnete ihm vor dem Ausgang ein guter Bekannter.

| Satz 5 | Satz 6 | ? | | Satz 5 | Satz 6 | ? |

(7) Sie plauderten kurz miteinander, (8) doch ihn zog es bald nach Hause.

| Satz 7 | Satz 8 | ? | | Satz 7 | Satz 8 | ? |

10. Interjektion/Ausrufewort

heißa

Hurra! Der erste Teil dieses Buches ist bald geschafft! Da kann man seiner Freude doch einmal Luft machen!

Und welche Wörter kommen für solchen Ausruf in Frage? **Ausrufewörter** natürlich. Man kann sie auch **Interjektionen** nennen, weil das lateinische Ursprungswort „dazwischenwerfen" bedeutet.

Mit solchen Wörtern lassen sich unwillkürliche **Gefühle** ausdrücken:

Beispiele	*heißa!* (Freude)	–	*au!* (Schmerz)	–	*o weh!* (Schrecken)
	pfui! (Ekel)	–	*hm!* (Behagen)	–	*nanu?* (Überraschung)

Mit ihnen kann man außerdem jemandem in aller Kürze etwas **zurufen**, z. B.:

Beispiele | *pst! hallo! he!*

Man kann mit ihnen auch **Geräusche nachahmen**, die lautmalerisch – mit Lauten malend – meist schon den Inhalt des Wortes hörbar machen:

Beispiele	*tick-tack, klipp-klapp, ritze-ratze*	(mechanische Laute)
	miau, wau-wau, kikeriki	(Tierstimmen)

Da die Interjektionen eher Laute als richtige Wörter sind, nehmen sie in unserer Sprache eine Sonderstellung ein. Sie gehören zum Beziehungssystem unserer Sätze nicht unmittelbar dazu und werden daher immer durch ein **Komma** von ihnen getrennt.

Neben diesen „eigentlichen" Interjektionen gibt es auch **„uneigentliche Interjektionen"**; darunter versteht man Wörter einer anderen Wortart, die aber als Ausruf benutzt werden:

Donnerwetter (eigentlich ein Substantiv)
halt! (eigentlich ein Verb)
brav! (eigentlich ein Adjektiv)

Übung

A35

Welche **Interjektion** könnte wohl ausdrücken, welches Gefühl man angesichts eines herrlich gedeckten Gabentisches hat?

_____

Und welcher unfreundliche Zuruf passte wohl zu dieser Schadenfreude?

_____

Und welche Laut nachahmende Interjektion könnte dieser Rabe wohl von sich geben?

_____

11. Zusammenfassung

Nun haben wir **alle zehn Wortarten** der deutschen Sprache kennen gelernt. Hier sind sie nun noch einmal zusammengefasst:

Wie heißt die **Wortart?**	Wozu ist sie **geeignet?**	Welche **Beispiele** kann man sich merken?
Verb Zeitwort	Verben sagen aus, – welche Tätigkeit jemand ausführt **(Handlung)** – was sich ereignet **(Vorgang)** – was ist **(Zustand)**.	_arbeiten, bauen, nachdenken_ _wachsen, blühen, leben_ _bleiben, wohnen, heißen_
Hilfsverb Hilfszeitwort	Hilfsverben eignen sich zur Zusammenarbeit mit **Ergänzungen**.	_sein, haben, werden_
Substantiv Hauptwort	Substantive geben **Lebewesen** und Dingen **(Sinnendingen** oder **Gedankendingen)** einen **Namen**.	_Mensch, Tier, Pflanze, Muschel_ _Stein, Wasser_ _Freundschaft, Stunde, Gleichheit_

Wie heißt die **Wortart?**	Wozu ist sie **geeignet?**	Welche **Beispiele** kann man sich merken?
Artikel Geschlechtswort	Artikel teilen das **Geschlecht** von einem **bestimmten** oder **unbestimmten Lebewesen/Ding** mit.	*der, die, das* *ein, eine, ein*
Adjektiv Eigenschaftswort	Adjektive beschreiben besondere **Eigenschaften von Lebewesen/ Dingen**.	*aufmerksam, deutlich, neu*
Pronomen Fürwort	Pronomen **können** Substantive **vertreten oder begleiten** als – **Personalpronomen**, indem sie die betreffende **Person** nennen – **Possessivpronomen**, indem sie den **Besitzer** angeben – **Demonstrativpronomen**, indem sie auf etwas deutlich **hinweisen** – **Relativpronomen**, indem sie sich auf etwas Vorangehendes **beziehen** – **Interrogativpronomen**, indem sie nach etwas **fragen** – **Indefinitpronomen**, indem sie etwas **Unbestimmtes** meinen.	*er, sie, es* *mein, dein sein* *dieser, jener, solcher* *der, welcher, das* *wo? was? wann?* *man, jemand, niemand*
Numerale Zahlwort	Numeralien geben die **Anzahl** von etwas an: entweder **einzeln genau** oder in einer **Reihenfolge** oder **ungefähr**.	*eins, zwei, drei* *der erste, zweite, dritte* *einige, viele, alle*

Wie heißt die **Wortart?**	Wozu ist sie **geeignet?**	Welche **Beispiele** kann man sich merken?
Adverb Umstandswort	Adverbien nennen nähere **Umstände eines Geschehens** z. B. – **Ort** – **Zeit** – **Art und Weise** – **Grund**.	*hier, dort, innen* *heute, gleich, dann* *gern, besonders, sehr* *daher, deshalb, folglich*
Präposition Verhältniswort	Präpositionen bezeichnen das **Verhältnis zwischen Lebewesen/ Dingen**.	*auf, zwischen, unter*
Konjunktion Bindewort	Konjunktionen stellen **Verbindungen** her – **auf gleicher Stufe** – **auf ungleicher Stufe**.	*und, oder, aber* *während, indem, weil*
Interjektion Ausrufewort	Interjektionen drücken **Gefühle** aus oder sind kurze **Zurufe** oder ahmen **Geräusche** nach.	*hurra! ach! hm!* *pst! hallo! he!* *tick-tack, miau, kikeriki*

Nun kannst du bei jedem Wort, das du hörst, sprichst oder liest, erkennen, um welche **Wortart** es sich handelt. Hier und da können sich aber noch Schwierigkeiten einstellen, weil es vereinzelt **Besonderheiten** gibt. Zum Beispiel können nicht nur Adjektive **substantiviert** werden (vgl. S. 22), sondern auch Wörter jeder anderen Wortart, **wenn ein Artikel davor steht oder sinngemäß zu ergänzen ist**.

Hier ein paar Beispiele:
– *zum Lesen* (Substantivierung eines Verbs: *zu dem Lesen*)
– *ohne Wenn und Aber* (Substantivierung einer Konjunktion: *ohne das Wenn und Aber*)
– *alles Gute* (Substantivierung eines Adjektivs: *das Gute*)

Außerdem kann es Schwierigkeiten geben, weil **dasselbe Wort manchmal verschiedenen Wortarten angehören** kann. Ein Beispiel hierfür gibt das Wörtchen *das*; es kann vorkommen als

Artikel	*(Ich hole schnell das Fahrrad.)*
Relativpronomen	*(Dort steht das Fahrrad, das meiner Schwester gehört.)*
Demonstrativpronomen	*(Das Fahrrad dort hätte ich gern.)*

Bestimme die **Wortart** jedes einzelnen Wortes des folgenden Textes und schreibe sie in die dafür vorgesehene Spalte.

(Achtung! Manche Wörter werden bei Gebrauch in einem Satz auseinander gerissen; so gehören z. B. die Wortteile *taten* und *weh* zu dem einen Wort *wehtun*.)

Originaltext

Die Ameisen

In Hamburg lebten zwei Ameisen,
die wollten nach Australien reisen.
Bei Altona auf der Chaussee[1]
da taten ihnen die Beine weh,
und da verzichteten sie weise
dann auf den letzten Teil der Reise.

(Joachim Ringelnatz)

[1] *Chaussee: veraltet für Landstraße*

Text:	Wortart:	Text:	Wortart:
Die	_____	da	_____
Ameisen	_____	taten	_____
		ihnen	_____
In	_____	die	_____
Hamburg	_____	Beine	_____
lebten	_____	weh,	_____
zwei	_____	und	_____
Ameisen,	_____	da	_____
die	_____	verzichteten	_____
wollten	_____	sie	_____
nach	_____	weise	_____
Australien	_____	dann	_____
reisen.	_____	auf	_____
Bei	_____	den	_____
Altona	_____	letzten	_____
auf	_____	Teil	_____
der	_____	der	_____
Chaussee,	_____	Reise.	_____

„Wer passt zu mir?"
Suche für jedes Wort, das einen passenden Partner sucht, ein Wort derselben Wortart.

Zur Verfügung stehen die Wörter:

hurra! – Strauch – sie – jetzt – suchen – das – bunt – in – und – zwei

Zu dem **Verb**   *verstecken*   passt das Wort _____

Zu dem **Substantiv**   *Wiese*   passt das Wort _____

Zu dem **Artikel**   *der*   passt das Wort _____

Zu dem **Adjektiv**   *hell*   passt das Wort _____

Zu dem **Pronomen**   *er*   passt das Wort _____

Zu dem **Numerale**   *vier*   passt das Wort _____

Zu dem **Adverb**   *sofort*   passt das Wort _____

Zu der **Präposition**   *auf*   passt das Wort _____

Zu der **Konjunktion**   *aber*   passt das Wort _____

Zu der **Interjektion** *oh!*   passt das Wort _____

Flexion: In welche Gruppen kann man die Wortarten einteilen? Veränderliche und unveränderliche Wortarten

Wie du bereits zu Beginn gelernt hast (vgl. S. 5 unten), lässt sich unser Wortvorrat in **zwei Gruppen** einteilen:

Einige Wortarten sind in der Lage, sich auf eine bestimmte Aufgabe, die sie im Satz erfüllen sollen, einzustellen und dazu ihre äußere Form zu verändern. Man nennt sie daher **veränderliche/flexible Wortarten**.

Die Veränderung vollzieht sich **entweder in der Wortendung**:

Beispiel | *das Spiel — die Spiele*

manchmal auch im **Wortstamm**:

Beispiel | *wir laufen — wir liefen*

Im Gegensatz zu diesen veränderlichen Wörtern gibt es andere, die **nur eine einzige Form** besitzen und daher nicht anpassungsfähig sind. Sie sind also **unveränderlich/inflexibel**:

Beispiele | *jetzt, von, damit, so, bei, dort*

Welche der Wortarten nun veränderlich und welche unveränderlich sind, kannst du in der nächsten Übung ganz allein herausfinden.

Übung
B 1

Folgende Wörter stehen dir in ihrer **Grundform** zur Verfügung:

ach – mein – neu – Mütze – liegen – dort – in – der – Schmutz – und – bekommen – viel – Fleck

Damit die Wörter zueinander passen, müssen einige von ihnen ihre **äußere Form verändern**. Wandle die vorgegebenen Wörter so um, dass sie einen **sinnvollen Satz** ergeben.

_____

_____

Prüfe nun, welche Wörter dieses Satzes **veränderlich** und welche **unveränderlich** sind, und trage jedes Wort unter diesem Gesichtspunkt in die Tabelle auf der nächsten Seite ein.

Schreibe hinter jedes Wort, welcher **Wortart** es angehört.

veränderliche Wörter	Wortart	unveränderliche Wörter	Wortart
_____	_____	_____	_____
_____	_____	_____	_____
_____	_____	_____	_____
_____	_____	_____	_____
_____	_____		
_____	_____		
_____	_____		
_____	_____		

Nun hast du **ganz allein** herausgefunden, welche Wortarten zur Gruppe der **veränderlichen** und welche zur Gruppe der **unveränderlichen Wortarten** gehören, nämlich:

veränderliche Wortarten:	**unveränderliche Wortarten:**
Verb	Adverb
Substantiv	Präposition
Artikel	Konjunktion
Adjektiv	Interjektion
Pronomen	
Numerale	

Die **Formveränderung eines Wortes** nennt man **Beugung/Flexion**. Man unterscheidet hierbei zwischen der Formveränderung des Verbs und der übrigen veränderbaren Wörter:
Konjugation nennt man die Beugung des **Verbs**.
Deklination nennt man die Beugung von **Substantiv, Artikel, Adjektiv, Pronomen** und **Numerale**.

Der Verein 1. FC FLEXIBILIA veranstaltet gegen TuS INFLEXIBILIA ein Fußballspiel. Folgende Mannschaften sollen aufgestellt werden:

Übung B2

1. FC FLEXIBILIA

als Stürmer   – die Adjektive *schnell, weitsichtig, überlegen, sportlich* und *wachsam*

als Mittelfeldspieler – die Substantive *Ausdauer, Einsatzbereitschaft* und *Balltechnik*

| als Verteidiger | – die Verben *erfahren* und *abwehren* |
| als Torwart | – das Pronomen *er* |

TuS INFLEXIBILIA

als Stürmer	– die Adverbien *immer, überall, dort, vorn* und *abseits*
als Mittelfeldspieler	– die Konjunktionen *aber, außerdem* und *oder*
als Verteidiger	– die Präpositionen *gegen* und *außerhalb*
als Torwart	– die Interjektion *ach!*

Diese Mannschaftslisten enthalten keine Fehlbesetzungen; aber beide Trainer spielen noch mit dem Gedanken, jeweils eine Umbesetzung vorzunehmen; in jeder Mannschaft befinden sich nämlich zwei Spieler, die man gegenseitig austauschen könnte. (Sie könnten nämlich zwei **verschiedenen Wortarten** angehören.) Ob du sie in beiden Mannschaften findest?

Bei TuS INFLEXIBILIA könnten die Spieler _____

und _____ gegenseitig ausgetauscht werden, da sie zwei verschiedenen Wortarten angehören können.

Beim 1. FC FLEXIBILIA könnten die Spieler _____

und _____ gegenseitig ausgetauscht werden, da auch sie zwei verschiedenen Wortarten angehören können.

Und so lässt sich das, was in diesem Kapitel steht, noch einmal in einer Grafik zusammenfassen:

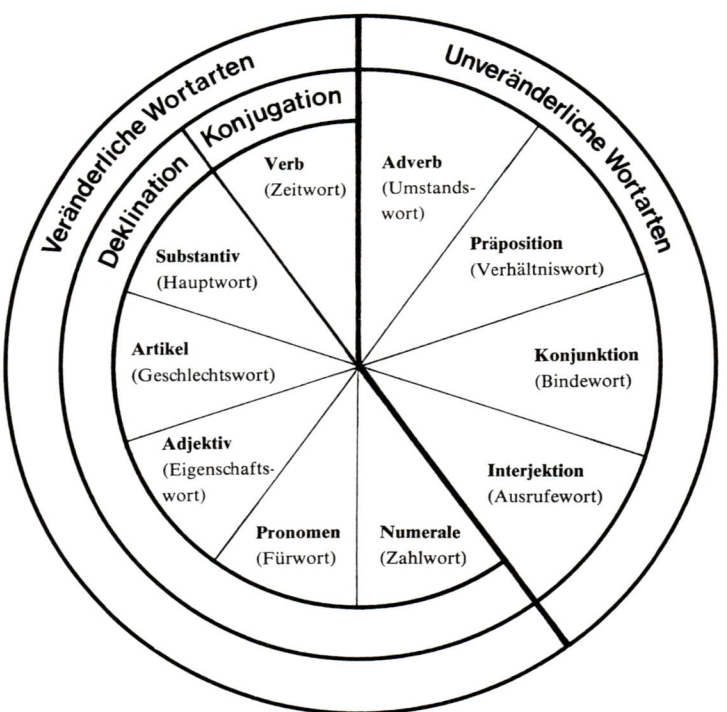

Flexion: veränderliche und unveränderliche Wortarten

1. Konjugation/Beugung der Verben

Das Verb ist nicht nur die wichtigste Wortart unserer Sprache (vgl. S. 8), sondern auch die formenreichste: Mit einem Verb kann man nämlich nicht nur ausdrücken, was gerade geschieht (es hat also nicht nur eine inhaltliche Bedeutung, wie z. B. *werfen* oder *stoßen*), sondern durch die Verwendung einer bestimmten **Verbform** kann man noch viel mehr ausdrücken:

– **wer** etwas tut:	*ich stoße*	– *du stößt*	**Person**
– **wie viele** etwas tun:	*du stößt*	– *ihr stoßt*	**Anzahl**
– **wann** etwas geschieht:	*sie stößt*	– *sie stieß*	**Zeit**

– ob jemand etwas **selbst tut:**	*er stößt*	**Handlungs-**
– ob er etwas **erleidet:**	*er wird gestoßen*	**richtung**

– ob etwas **tatsächlich** geschieht:	*du stößt*	**Aussage-**
– ob es **möglicherweise** geschieht:	*du stießest*	**weise**
– ob es geschehen **soll:**	*stoß!*	

Solcher Formenreichtum mag dich zunächst verwirren; da du aber alle diese Verbformen täglich unbewusst selbst anwendest, wirst du dich sicherlich hier bald zurechtfinden.

Zuerst musst du dir eine Grundtatsache klarmachen:

Jedes Verb besteht aus zwei Teilen, dem **Wortstamm**
der **Wortendung** (vgl. S. 48), z. B.

werfen: Wortstamm *werf-* (**Stammvokal/** *Beispiele*
Stammselbstlaut – e –)
Wortendung *-en*

stoßen: Wortstamm *stoß-* (**Stammvokal – o –**)
Wortendung *-en*

Wie man an den Beispielen erkennen kann, liegt die Formenvielfalt der Verben vor allem in den Endungen (z. B. *wir stoßen – ihr stoßt*); bei einigen Formen fallen jedoch auch veränderte Stammvokale auf (z. B. *ich stoße – du stößt*). Und die Form *er wird gestoßen* zeigt, dass für bestimmte Verbformen **Zusatzwörter** und **Zusatzsilben** benötigt werden (vgl. hierzu die Hinweise zum **Hilfsverb** auf S. 9).

Übung

B3

Trage die folgenden Verben so in die Baum-Bilder ein, dass der **Wortstamm** jeweils innerhalb des Baumstammes steht und die **Endung** nach außen ragt:

schlagen – springen – laufen

1.1 Infinitiv/Nennform

Wenn wir ein Verb nur **nennen** wollen wie auf der vorigen Seite die Wörter *werfen* und *stoßen*, so verwenden wir dazu die **Grundform**.

Und weil diese Verbform **ganz allgemein** und nicht fest eingegrenzt ist, nennt man sie auch **Infinitiv** (lat. *finis = Ende, infinitum = unbegrenzt*).

Übung

B4

Und wie lautet die **Endung des Infinitivs?**

Diese Frage kannst du dir selbst beantworten, wenn du dir eine beliebige Anzahl von Verben suchst. Alle Verben, die dir einfallen, haben in ihrer Grundform dieselben Endungen.

Hier ist Platz für 10 beliebige Verben:

_____   _____

_____   _____

_____   _____

_____   _____

_____   _____

Alle 10 Verben haben – wie alle Verben – im Infinitiv die Endung

_____ oder _____

1.2 Personalformen des Verbs/Finite Verbformen

Alle übrigen Verbformen (also alle, die kein Infinitiv sind) nennt man **Personalformen**, weil in jeder dieser Formen ausgedrückt wird, **von welcher Person** etwas ausgesagt wird (1., 2. oder 3. Person, vgl. S. 26).

Diese Form lässt also erkennen,

– ob jemand **von sich selbst** spricht:	1. Person: z. B. *ich laufe*	
– ob jemand **angeredet wird**:	2. Person: z. B. *du läufst*	
– ob **von einem anderen** gesprochen wird:	3. Person: z. B. *er/sie/es läuft*	

Diese Personalformen haben außerdem die Eigenschaft, dass sie stets die **Anzahl/Numerus** der Personen angeben, von denen ein Verb handelt.

Hierbei sind zwei **Numeri** möglich:

Einzahl/Singular: *ich springe*   **Mehrzahl/Plural:** *wir springen*
du springst   *ihr springt*
er/sie/es springt   *sie springen*

In einer **Formentabelle** führt man die Personalformen eines Verbs üblicherweise in der Reihenfolge auf:

	Singular	Plural
1. Person	*ich springe*	*wir springen*
2. Person	*du springst*	*ihr springt*
3. Person	*er/sie/es springt*	*sie springen*

Entscheide, welche **Person** und welchen **Numerus** (Singular oder Plural) die folgenden **Personalformen** des Verbs *schlagen* haben:

Übung

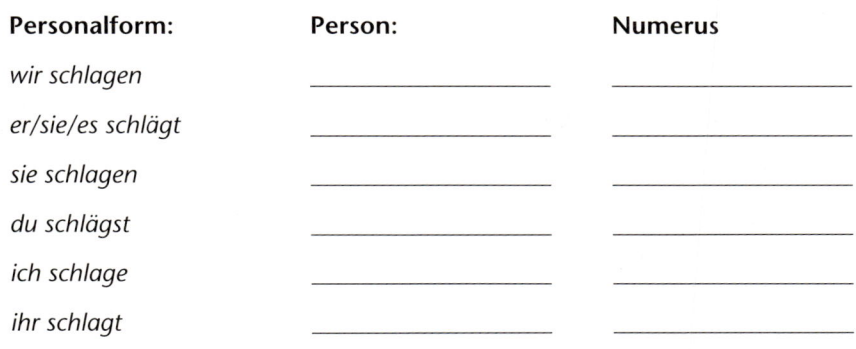

B 5

Personalform:	Person:	Numerus
wir schlagen	_____	_____
er/sie/es schlägt	_____	_____
sie schlagen	_____	_____
du schlägst	_____	_____
ich schlage	_____	_____
ihr schlagt	_____	_____

1.3 Tempus/Zeit

Wir haben gelernt, dass Verben stets Ereignisse zum Inhalt haben, die **in der Zeit** ablaufen. Man nennt sie daher ja auch **Zeitwörter** (vgl. S. 7 f.).

Da auf dieser Welt nichts ewig dauert, muss es für jedes Ereignis verschiedene Zeitpunkte geben:

- einen Zeitpunkt, an dem das Ereignis **noch gar nicht begonnen** hat
- einen Zeitpunkt, an dem das Ereignis **gerade stattfindet**
- einen Zeitpunkt, an dem das Ereignis **vergangen** ist.

Um nun auszudrücken, **wann** etwas geschieht, verfügen wir über drei **Zeitstufen:**

– **Gegenwart** (jetzt) – **Vergangenheit** (vorher) – **Zukunft** (später)

Und da es ein wichtiger Unterschied ist, ob ein Ereignis in der jeweiligen Zeit **andauert** oder ob es **bereits beendet** ist, unterscheidet unsere Sprache innerhalb dieser drei Zeitstufen:

– **dauernde Gegenwart – dauernde Vergangenheit – dauernde Zukunft**

– **vollendete Gegenwart – vollendete Vergangenheit – vollendete Zukunft**

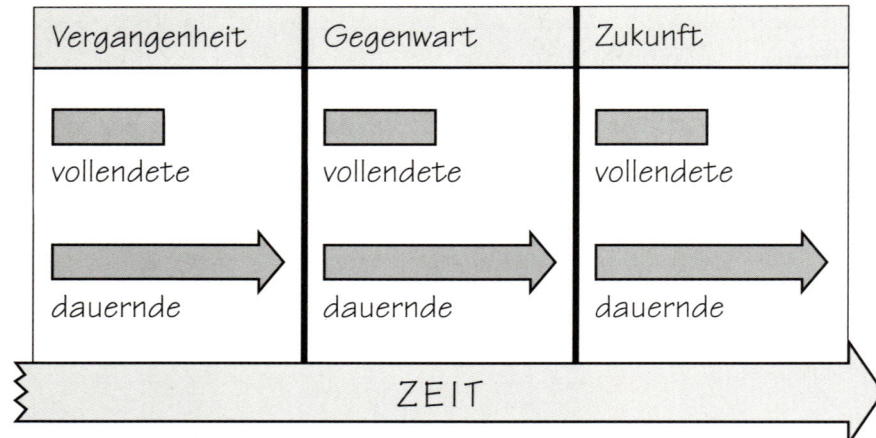

Zeitstufe der Gegenwart: Präsens/dauernde Gegenwart

Wenn wir ein Ereignis so darstellen, als ob es gerade in dem Augenblick, während wir sprechen oder schreiben, geschieht, so verwenden wir die **dauernde Gegenwart**/das **Präsens**.

Jetzt geschieht etwas, z. B.

Diese Verbform sagt, dass ich mich in diesem Augenblick mit Schwimmbewegungen im Wasser bewege.

Ich schwimme.

Und an dieser Verbform kann man ablesen, dass ich gerade dabei bin, ein Bild anzufertigen.

Ich male.

	Singular	Plural
1. Person	*ich schwimme, male*	*wir schwimmen, malen*
2. Person	*du schwimmst, malst*	*ihr schwimmt, malt*
3. Person	*er/sie/es schwimmt, malt*	*sie schwimmen, malen*

Beispiel

Zeitstufe der Gegenwart: Perfekt/vollendete Gegenwart

Wenn wir ausdrücken wollen, dass ein Ereignis jetzt/in der Gegenwart vollendet ist, so verwenden wir die **vollendete Gegenwart**/das **Perfekt**.

Etwas ist jetzt abgeschlossen, z. B.

Diese Verbform sagt, dass meine Schwimmtätigkeit jetzt beendet ist.

Ich bin geschwommen.

Und an dieser Verbform kann man ablesen, dass ich jetzt fertig bin mit Malen.

Ich habe gemalt.

Man bildet das Perfekt, indem man das **Hilfsverb** *sein* oder *haben* (in seinen Präsensformen) hinzufügt und – falls möglich – die **Vorsilbe** *ge-* vor das Verb setzt.

Beispiel

	Singular	**Plural**
1. Person	*ich bin geschwommen, habe gemalt*	*wir sind geschwommen, haben gemalt*
2. Person	*du bist geschwommen, hast gemalt*	*ihr seid geschwommen, habt gemalt*
3. Person	*er/sie/es ist geschwommen, hat gemalt*	*sie sind geschwommen, haben gemalt*

Zeitstufe der Vergangenheit: Imperfekt/dauernde Vergangenheit[1]

[1] manchmal auch Präteritum genannt

Lief ein Ereignis in der Vergangenheit ab, so verwenden wir – besonders wenn wir etwas erzählen – die **dauernde Vergangenheit/das Imperfekt**.

Etwas geschah damals, z. B.

Diese Verbform sagt, dass es eine Zeit gab, in der ich gerade dabei war zu schwimmen.

Ich schwamm.

Und an dieser Verbform kann man ablesen, dass es eine Zeit gab, in der ich damit beschäftigt war, ein Bild herzustellen.

Ich malte.

Man unterscheidet bei der Bildung des Imperfekts zwei Arten von Verben: **starke und schwache Verben**.

Die **starken Verben** sind so stark, dass sie ihr Imperfekt ohne fremde Hilfe bilden können, indem sie nämlich ihren **Stammvokal verändern**, z. B.

Ich schwimme.   –   *Ich schwamm.*
Ich gebe.   –   *Ich gab.*
Ich trinke.   –   *Ich trank.*

Beispiele

Schwache Verben dagegen brauchen eine **Unterstützung** bei der Bildung des Imperfekts; sie benötigen den Buchstaben *-t-*, den man **hinter ihrem Wortstamm** einfügt, wie die Beispiele auf der nächsten Seite zeigen:

Beispiele | *Ich male.*   – *Ich malte.*
Ich hole.   – *Ich holte.*
Ich drücke.   – *Ich drückte.*

Beispiel

	Singular	**Plural**
1. Person	*ich schwamm, malte*	*wir schwammen, malten*
2. Person	*du schwammst, maltest*	*ihr schwammt, maltet*
3. Person	*er/sie/es schwamm, malte*	*sie schwammen, malten*

Zeitstufe der Vergangenheit: Plusquamperfekt/vollendete Vergangenheit

War ein Ereignis bereits in der Vergangenheit vollendet, so lässt sich dies ausdrücken durch die **vollendete Vergangenheit**/das **Plusquamperfekt**.

Etwas war damals bereits abgeschlossen, z. B.

Ich war geschwommen.

Diese Verbform sagt, dass das Schwimmen bereits zu einem früheren Zeitpunkt beendet war.

Ich hatte gemalt.
Ich war mit Malen fertig.

Und an dieser Verbform kann man ablesen, dass es eine Zeit gab, in der ich fertig gewesen war mit Malen und vielleicht auch das von mir gemalte Bild fertig war.

Man bildet das Plusquamperfekt, indem man das **Hilfsverb** *sein* oder *haben* (in seinen Imperfektformen) hinzufügt und – falls möglich – die **Vorsilbe** *ge-* vor das Verb setzt.

Beispiel

	Singular	Plural
1. Person	*ich war geschwommen, hatte gemalt*	*wir waren geschwommen, hatten gemalt*
2. Person	*du warst geschwommen, hattest gemalt*	*ihr wart geschwommen, hattet gemalt*
3. Person	*er/sie/es war geschwommen, hatte gemalt*	*sie waren geschwommen, hatten gemalt*

Zeitstufe der Zukunft: Futur I/dauernde Zukunft

Ereignisse, die noch gar nicht begonnen haben, werden ausgedrückt durch die **dauernde Zukunft**/das **Futur I**.

Etwas wird in der Zukunft erst geschehen, z. B.

Ich werde schwimmen.

Diese Verbform sagt, dass ich beabsichtige zu schwimmen.

Ich werde malen.

Und an dieser Verbform kann man ablesen, dass ich vorhabe, ein Bild anzufertigen.

Man bildet das Futur I, indem man zu dem **Infinitiv** des Verbs das **Hilfsverb** *werden* (in seinen Präsensformen) hinzufügt.

Für die Mitteilung eines zukünftigen Ereignisses wählen wir Deutschen allerdings häufig eine „bequemere" Ausdrucksweise als das Futur I: Wir benutzen oft das Präsens und fügen einfach ein Temporaladverb hinzu, z. B.

statt: *Ich werde schwimmen:* *Ich schwimme nachher.*
statt: *Ich werde malen:* *Ich male nachher.*

Beispiel

	Singular	**Plural**
1. Person	*ich werde schwimmen, werde malen*	*wir werden schwimmen, werden malen*
2. Person	*du wirst schwimmen, wirst malen*	*ihr werdet schwimmen, werdet malen*
3. Person	*er/sie/es wird schwimmen, wird malen*	*sie werden schwimmen, werden malen*

Zeitstufe der Zukunft: Futur II/vollendete Zukunft

Soll ein Ereignis so dargestellt werden, dass es erst in der Zukunft vollendet sein wird, so passt dazu die **vollendete Zukunft**/das **Futur II**.

Etwas wird in der Zukunft geschehen und in der Zukunft vollendet sein, z. B.

Beispiele

Ich werde geschwommen sein.	Diese Verbform sagt, dass ich beabsichtige zu schwimmen und dass das Schwimmen irgendwann beendet sein wird.
Ich werde gemalt haben.	Und an dieser Verbform kann man ablesen, dass ich vorhabe, ein Bild anzufertigen und dass dieses Bild irgendwann fertiggestellt sein wird.

Man bildet das Futur II, indem man das **Hilfsverb** *sein* oder *haben* (in seinen Futurformen) hinzufügt und – falls möglich – die **Vorsilbe** *ge-* vor das Verb setzt. Das Futur II verwendet man im alltäglichen Sprachgebrauch sehr selten.

Beispiel

	Singular	**Plural**
1. Person	*ich werde geschwommen sein, werde gemalt haben*	*wir werden geschwommen sein, werden gemalt haben*
2. Person	*du wirst geschwommen sein, wirst gemalt haben*	*ihr werdet geschwommen sein, werdet gemalt haben*
3. Person	*er/sie/es wird geschwommen sein, wird gemalt haben*	*wir werden geschwommen sein, werden gemalt haben*

Um eine gute Übersicht über die sechs verschiedenen **Tempora** (= Plural von Tempus) zu bekommen, ist es nützlich, sie in einer bestimmten Anordnung aufzuschreiben.

Die nachstehende Übersicht ist ein solcher Versuch. Fünf freie Felder gibt es jedoch noch zu beschriften; die Begriffe **Gegenwart, Vergangenheit, Zukunft, Dauer, Vollendung** sollen nun so in die Übersicht eingetragen werden, dass sie sinnvoll zu den senkrechten und waagerechten Spalten passen. Wohin gehören sie?

Einteilung der Tempora nach:		
	Präsens	Perfekt
	Imperfekt/Praeteritum	Plusquamperfekt
	Futur I	Futur II

Ob wir jetzt die verschiedenen Tempora selbst bilden können?
Bilde die geforderten Zeiten von den beiden Verbformen:
Sie kommen.
Du lachst.

Präsens
(Es geschieht jetzt.)

Sie kommen
Du lachst.

Perfekt

(Es ist jetzt vollendet.)

_____

_____

Imperfekt

_____

(Es geschah damals.)

_____

Plusquamperfekt

_____

(Es war bereits damals vollendet.)

_____

Futur I

_____

(Es wird in der Zukunft geschehen.)

_____

Futur II

_____

(Es wird in der Zukunft vollendet sein.)

_____

Zum leichteren Einprägen der lateinischen Tempusnamen folgt nun wieder eine kleine Lateinstunde:

lateinisch	deutsch
tempus	– *Zeit*
praesens	– *gegenwärtig*
perfectum	– *vollendet*
plus	– *mehr*
quam	– *als*
futurum	– *zukünftig*

Übung

B7

Nun wollen wir prüfen, ob wir auch die verschiedenen Tempora erkennen können: Dazu belauschen wir einige alte Damen bei ihrer Unterhaltung:

„In meiner Jugend gab es noch keinen Straßenlärm vor meinem Fenster; heute dagegen rollen die Autos sogar nachts durch die Straßen. Der Verkehr beeinträchtigt meine Ruhe. Autos stören nur." „Das stimmt, meine Liebe. Die Technik verdirbt unser Leben. Wie wird es erst in hundert Jahren aussehen!?" „Was ihr sagt, klingt überzeugend; aber ich glaube, wir vergessen die anderen Seiten: Erinnert ihr euch an unsere herrliche Busreise nach Belgien? Früher brauchten die Menschen für dieselbe Strecke, die wir heute in ein paar Stunden zurücklegen, ein paar Tage – in einem schlecht gefederten Pferdewagen – auf einer holprigen Straße." „Oh, da drüben rast ein Rettungswagen! Hoffentlich wird er rechtzeitig im Krankenhaus ankommen..."

Schreibe alle Verbformen heraus; füge zu jeder Form ein passendes Personalpronomen hinzu und notiere, um welches Tempus es sich jeweils handelt.

Verbform mit passendem Personalpronomen: **Tempus:**

_____   _____

_____   _____

_____   _____

_____   _____

_____   _____

_____   _____

_____   _____

_____   _____

_____   _____

_____   _____

_____   _____

_____   _____

_____   _____

_____   _____

_____   _____

_____   _____

_____   _____

Und damit wir in diesem wichtigen Kapitel noch sicherer werden, hören wir dem Streitgespräch dieser Jungen auch noch zu:

„Ich hatte dir doch gesagt, dass wir das so nicht schaffen. Wenn wir kein anderes Material verwenden, wird der Drachen nie fliegen." „Erstens hattest du überhaupt nichts davon gesagt, und zweitens stimmt das auch gar nicht. Mit meiner Folie wird unser Drachen nämlich doch steigen. Wir werden es ja sehen!" „Meinst du etwa, dass wir so lange warten, bis er dann doch nicht steigt? Dann werden wir umsonst geschuftet haben." „Mensch, im Geschäft haben sie mir diese Folie doch extra als Drachenfolie verkauft." „Warum hast du das nicht gleich gesagt?"

Schreibe auch aus diesem Text alle Verbformen heraus; füge zu jeder Form ein passendes Personalpronomen hinzu und notiere, um welches Tempus es sich jeweils handelt.

Verbform mit passendem Personalpronomen: **Tempus:**

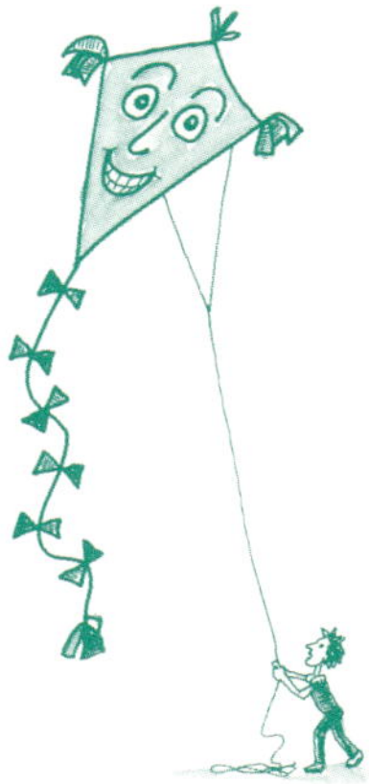

_____   _____

_____   _____

_____   _____

_____   _____

_____   _____

_____   _____

_____   _____

_____   _____

_____   _____

_____   _____

_____   _____

_____   _____

_____   _____

_____   _____

_____   _____

_____   _____

Und zum Schluss dieses Abschnitts noch eine kleine Kraftprobe:

Stark oder **schwach?**

Füge diese Silben zu Verben zusammen und lege sie in die passende Kiste:

fah – len – ten – tra – men – pen – stem – gen – schlep – ho – hal – ren

Die gesuchten Verben heißen: _____ _____

_____ _____

_____ _____

Davon sind schwach: _____

Davon sind stark: _____

1.4 Handlungsrichtung/Genus Verbi: Aktiv/Tatform – Passiv/Leideform

Nicht nur beim Völkerballspielen ist es von Bedeutung, ob man **etwas selbst tut** (d. h. hier: mit dem Ball einen Spieler der anderen Mannschaft trifft) oder ob man **von einem anderen etwas erleidet** (d. h. hier: von einem Gegenspieler getroffen wird).

Um ausdrücken zu können, dass eine Handlung aktiv von mir ausgeht, dass ich also **Urheber eines Geschehens** bin, gibt es die Verbform **Aktiv**, die man sehr anschaulich auch als **Tatform** bezeichnet, z. B.

Jan trifft Boris. | *Beispiel*

Bei diesem Satz wird klar, dass Jan durch seinen Wurf einen Treffer bei Boris hervorruft.

Soll dagegen ausgedrückt werden, dass man ein Geschehen passiv über sich ergehen lässt, dass man also **Ziel einer fremden Handlung** ist, so gibt es hierfür die Verbform **Passiv**, die man ebenso bildhaft auch **Leideform** nennt, z. B.

Boris wird getroffen. | *Beispiel*

In diesem Satz wird deutlich, dass Boris den Treffer erdulden muss.

Man bildet das Passiv, indem man das **Hilfsverb** *werden* (in der gewünschten Tempusform) hinzufügt und – falls möglich – die **Vorsilbe** *ge-* vor das Verb setzt, z. B.

Beispiel | *Katrin wird beim Spielen getreten.*
Rüdiger wird am Ausholen gehindert.

Im Gegensatz zum Aktiv, das man von jedem Verb bilden kann, lässt sich nicht jedes Verb ins Passiv setzen. Nur Verben, zu denen man sich ein **Handlungsziel** denken kann, lassen sich ins Passiv umwandeln, z. B.

Beispiel | *Max fängt den Ball.*

Wie man an diesem Satz erkennt, kann sich das Verb *fangen* auf ein Handlungsziel beziehen: auf den *Ball*. Daher kann man dieses Verb auch ins Passiv setzen, z. B.

Beispiel | *Der Ball wird von Max gefangen.*

Weitere Verben, die man ins Passiv setzen kann, sind z. B.

Beispiele | *gewinnen*   (*ein Spiel gewinnen*)
rufen   (*den Schiedsrichter rufen*)
berühren   (*den Arm berühren*)

Anders verhält es sich dagegen mit folgenden Verben:

Beispiele | *rollen, kullern, fallen, grölen, lachen*

Solche Wörter sind nicht auf ein Handlungsziel gerichtet und werden daher auch nicht ins Passiv umgewandelt.

Verben, die sich auf ein Handlungsziel richten, heißen **zielende** oder **transitive Verben** (lat. „hinübergehen"); sie können also ein **Passiv** bilden.
Verben, die nicht auf ein Ziel gerichtet sind, heißen **nicht-zielende** oder **intransitive Verben**; sie lassen sich also nicht ins Passiv setzen.

Übung

B10

Hast du Adleraugen?
Im folgenden Text wird an einer Stelle das **Passiv** verwendet. Wenn du es entdeckst, unterstreiche es.

Originaltext | *Salomonisches Urteil*
Es gibt ein Urteil, das dem berühmten Salomonischen an Weisheit nicht nachsteht, ja, es vielleicht noch übertrifft. Es wurde von einem schottischen Geistlichen gefällt.

Die zwei Brüder James und Donald Macpherson können sich über das Teilen der väterlichen Erbschaft nicht einigen. Sie wenden sich an den Geistlichen um Rat. Dieser denkt eine Weile nach und spricht: „Ich gebe James Vollmacht, die Erbschaft nach seinem Gutdünken zu teilen."

James lächelt. Donald macht eine protestierende Handbewegung.

Der Geistliche fährt fort:

„Und Donald gebe ich die Vollmacht, als ERSTER seinen Teil auszuwählen." Donald lächelt. James denkt sorgenvoll nach.

(nach Sigismund von Radecki)

Übung

B 11

Bei diesen Wegweisern haben sich zwei Schilder eingeschlichen, die gar nicht hierher gehören. Welche sind es?

lächeln – ermuntern – betrachten – lenken – fragen – schreien – ansprechen – anschreien

Die Wegweiser mit der Aufschrift _____ und _____ haben bei den **transitiven Verben** nichts zu suchen; sie können auch nicht ins Passiv gesetzt werden.

1.5 Aussageweise/Modus: Indikativ/Wirklichkeitsform – Konjunktiv/Möglichkeitsform – Imperativ/Befehlsform

Alle Verbformen, die wir bisher kennen gelernt haben, weisen eine Gemeinsamkeit auf: Sie drücken ein Ereignis aus, wie es tatsächlich geschieht, geschehen ist oder geschehen wird, wie die Beispiele dazu auf der nächsten Seite zeigen.

Beispiel | *Alexandra kaufte gestern einen Film.*
Alexandra hat diesen Film wirklich gekauft.

Beispiel | *Alexandra fotografiert gern.*
Man erfährt, dies trifft tatsächlich zu.

Beispiel | *Alexandra wird morgen ihren Fotoapparat mitnehmen.*
Dies wird (falls nichts Unerwartetes dazwischenkommt) morgen eintreten.

Wenn man sich also einer Sache **ganz sicher** ist, so verwendet man die Aussageweise der **Wirklichkeitsform**/des **Indikativs**. Sie ist immer dann geeignet, wenn eine Aussage ganz bestimmt zutrifft.

Nun gibt es aber auch Fälle, bei denen man sich seiner Sache gar nicht so sicher ist, z. B.

Beispiel | *Er behauptet, er komme morgen.*
Hier gibt man etwas wieder, was man von einem anderen gehört hat; vielleicht hat man ja auch etwas missverstanden…

Beispiel | *Könnte ich mich doch unsichtbar machen!*
Wie man weiß, ist dieser Wunsch weit von der Wirklichkeit entfernt.

Für **ungewisse** Mitteilungen steht uns eine besondere Aussageweise zur Verfügung: die **Möglichkeitsform**/der **Konjunktiv**. Sie ist immer dann einsetzbar, wenn eine Aussage **unsicher** ist.

Außer Indikativ und Konjunktiv kennt unsere Sprache noch eine weitere Aussageweise: die **Befehlsform**/den **Imperativ** (von lat. „befehlen"). Dass man diese Verbform zum **Auffordern** und **Befehlen** benutzen kann, leuchtet angesichts der folgenden Beispiele sofort ein:

Beispiele | *Hilf! Geh! Lasst das bitte! Kommt doch her!*

Übung

B12

Wenn das Wörtchen wenn nicht wär…
…dann würden die Schulferien verlängert.
…dann schriebe man keine Klassenarbeiten mehr.
…dann gäbe es keine Zeugnisse mehr!

Die Wirklichkeit sieht leider anders aus; aber wir wollen den kleinen Wunschtraum ruhig einmal weiterdenken:

Wandle die letzten drei Sätze so um, dass sie kein Wunschtraum mehr sind, sondern die Mitteilung eines Schuldirektors an seine Schüler.

Der Direktor gibt bekannt:

Ab sofort _____

_____

_____ *und*

_____

35. Oktober 1999

„*Komm, Mucki, sei brav und gebe meinen Bleistift wieder her! Nehme dieses Stöckchen* dafür!"
Wie gut, dass das Meerschweinchen keine Grammatik beherrscht! Die **Imperative** von *geben* und *nehmen*

heißen im Singular nämlich: _____ und _____

1.6 Partizip/Mittelwort

Als letzte Verbform wird eine Form vorgestellt, die nur noch bedingt zu den Verben zu rechnen ist.

Das **Partizip** wird einerseits als **Verb**, andererseits als **Adjektiv** eingesetzt.

Und weil sie in der „Mitte" zwischen Verb und Adjektiv stehen, nennt man sie auch **Mittelwörter**.

Es lassen sich zwei Arten von Partizipien bilden:
– **Partizip Präsens** (Verlaufsform)
– **Partizip Perfekt** (Vollzugsform).

Das **Partizip Präsens** bildet man, indem man an den Infinitiv eines Verbs ein *-d* hängt; so entsteht z. B.

strahlend (zum Verb *strahlen*)
glänzend (zum Verb *glänzen*)

| *Beispiele*

Man benutzt diese Verbform, um ein Merkmal von etwas zu benennen (also wie ein Adjektiv).
Das Besondere beim Partizip Präsens liegt darin, dass es ein Merkmal nennt, das sich gerade „ereignet", z. B.

Die strahlende Sonne lockt zu einem Ausflug.

| *Beispiel*

Die Sonne strahlt in diesem Augenblick: **Verlaufsform**.

Das **Partizip Perfekt** bildet man, indem man – falls möglich – die **Vorsilbe** *ge-* vor das Verb setzt.

Die Endung lautet dann (automatisch)

- **bei starken Verben** *-en* ,

  so entsteht z. B. aus dem starken Verb *schneiden* das Partizip Perfekt *geschnitten* und aus dem Verb *geben* das Partizip Perfekt *ge geben*

- **bei schwachen Verben** *-t*,

  so entsteht z. B. aus dem schwachen Verb *kleben* das Partizip Perfekt *ge klebt* und aus dem Verb *reichen* das Partizip Perfekt *ge reicht*.

  Man benutzt diese Verbform ebenfalls, um ein Merkmal von etwas zu benennen (also wieder wie ein Adjektiv). Das Besondere beim Partizip Perfekt liegt darin, dass es ein „Ereignis" nennt, das beendet ist, z. B.

Beispiel | *Das geschnittene und geklebte Papier liegt auf dem Tisch.*

Der Schneide- und Klebevorgang ist abgeschlossen: **Vollzugsform**.

Übung

B 13

Nun wartet eine Detektivaufgabe auf dich:
Im Kapitel über die Tempora der Verben sind **Partizipien** bereits vorgekommen, ohne dass dieser Ausdruck erwähnt wurde. Mit Hilfe des Partizips Perfekt werden nämlich einige Tempusformen gebildet.

Deine Detektivaufgabe soll es nun sein herauszufinden, **welche Tempora** mit Hilfe des Partizips Perfekt gebildet werden. (Ein Geheimtipp: Bei einigen Tempora kommt die Vorsilbe *ge-* vor!)

Folgende Tempora werden mit Hilfe des Partizips Perfekt gebildet:

_____

_____

_____

Zusammenfassende Übersicht

Das Verb ist wirklich reich an Ausdrucksformen. Ob du sie nun alle voneinander unterscheiden kannst?

Übung

B 14

Fülle die freie Spalte der **zusammenfassenden Übersicht** aus:

Ein Verb kann ausdrücken:	Hierfür stehen zur Verfügung:	Sie heißen:
– wer etwas tut	**3 Personen**	_____
		_____
		_____

– wie viele etwas tun

2 Numeri
(Anzahlformen)

_____

_____

– wann etwas geschieht

6 Tempora
(Zeiten)

_____

_____

_____

_____

_____

_____

– ob jemand selbst etwas
tut oder ob er es von
einem anderen erleidet

**2 Handlungs-
richtungen**
(Genera Verbi)

_____

_____

– ob etwas tatsächlich oder
möglicherweise geschieht
oder ob es geschehen soll

3 Aussageweisen
(Modi)

_____

_____

_____

Da das vorige Kapitel über die Beugung der Verben recht umfangreich war,
wird empfohlen, **drei Tage Ruhepause** einzulegen.

2. Deklination/Beugung der Substantive und der übrigen veränderbaren Wortarten

Bei der Deklination der Substantive geht es bei weitem nicht so formenreich zu wie bei der Konjugation der Verben.

Ein Substantiv kann nur ausdrücken, für welchen **Fall**/**Kasus** es eingesetzt werden soll und welche **Anzahl**/**Numerus** (Singular oder Plural) gemeint ist.

Vier Fälle/Kasus (im Plural spricht man das **u** von Kasus lang aus) sind hierbei möglich:

- **1. Fall**
- **2. Fall**
- **3. Fall**
- **4. Fall**

Und weil nach jedem Fall mit einem bestimmten Pronomen gefragt werden kann, haben sie auch die Bezeichnung

- **Werfall** – 1. Fall (Pronomen: **wer oder was?**)
- **Wesfall** – 2. Fall (Pronomen: **wessen?**)
- **Wemfall** – 3. Fall (Pronomen: **wem?**)
- **Wenfall** – 4. Fall (Pronomen: **wen oder was?**)

Wie man an den Fragepronomen erkennt, gibt es bei diesen Fall-Bezeichnungen zwei kleine Ungenauigkeiten im 1. und 4. Fall. Da ein Substantiv sich auf ein Lebewesen oder ein Ding beziehen kann, müsste der Werfall – genau genommen – eigentlich Wer-oder-was-Fall heißen; denn nach einem Lebewesen fragt man *wer?* und nach einem Ding *was?* Dasselbe betrifft den Wenfall, der entsprechend Wen-oder-was-Fall heißen müsste. Es haben sich jedoch statt der umständlichen (aber korrekten) Fachausdrücke die knappen (aber nicht ganz korrekten) Ausdrücke eingebürgert: Werfall und Wenfall.

Natürlich gibt es auch für alle Fälle noch die lateinischen Fachausdrücke, die international in Gebrauch sind; und so lauten die Fallformen:

Beispiele

- **Nominativ** – Werfall – 1. Fall *der Weg*
- **Genitiv** – Wesfall – 2. Fall *des Weges*
- **Dativ** – Wemfall – 3. Fall *dem Weg*
- **Akkusativ** – Wenfall – 4. Fall *den Weg*

Soll nun ein Substantiv **gebeugt/dekliniert** werden, so werden an den **Wortstamm** bestimmte **Endungen** angehängt (vgl. Seite 48).
Zur Veranschaulichung darf man den Begriff **Beugung** durchaus wörtlich nehmen:

So wie der Körper eines Menschen sich für bestimmte Aufgaben strecken und beugen muss, so lässt sich auch ein Wort in eine bestimmte Form bringen: Der Kern des Wortes bleibt hierbei natürlich gleich, es ändern sich nur seine „Gliedmaßen" (seine Endung).

Für die Bildung der vier Fälle stehen uns drei **Deklinationsarten** zur Verfügung, die
– **starke Deklination**
– **schwache Deklination**
– **gemischte Deklination.**

Starke Deklination

Eine starke Deklination liegt vor, wenn das Substantiv **im Genitiv Singular die Endung -(e)s aufweist und die Endung -(e)n in keiner anderen Form als im Dativ Plural** vorkommt.

In den Pluralformen der starken Substantive **können** zusätzlich noch **Veränderungen des Stammvokals** auftreten: So können die Vokale *a, o* und *u* zu den **Umlauten** *ä, ö* und *ü* werden, z. B. *der Saft – die Säfte, der Topf – die Töpfe, das Tuch – die Tücher.*

Bei dem zweiten Beispiel unten müsstest du dich eigentlich wundern; sollte nicht im Genitiv Singular eines starken Substantivs die Endung *-(e)s* stehen? Da **alle weiblichen Substantive im Singular jedoch endungslos** sind, suchen wir die Endung *-(e)s* vergeblich. Das andere Erkennungsmal einer starken Deklination liegt jedoch auch hier vor: die Endung *-(e)n* (nur) im Dativ Plural.

			Singular	**Plural**
Beispiel	**Nominativ**	*(wer oder was?)*	*der Tag*	*die Tage*
	Genitiv	*(wessen?)*	*des Tages*	*der Tage*
	Dativ	*(wem?)*	*dem Tag(e)*	*den Tagen*
	Akkusativ	*(wen oder was?)*	*den Tag*	*die Tage*

oder

			Singular	**Plural**
Beispiel	**Nominativ**	*(wer oder was?)*	*die Nacht*	*die Nächte*
	Genitiv	*(wessen?)*	*der Nacht*	*der Nächte*
	Dativ	*(wem?)*	*der Nacht*	*den Nächten*
	Akkusativ	*(wen oder was?)*	*die Nacht*	*die Nächte*

Schwache Deklination

Eine schwache Deklination liegt vor, wenn **außer dem Nominativ Singular** (bei femininen Substantiven: außer allen (!) Singular-Formen) sämtliche Deklinationsformen die **Endung** *-(e)n* tragen.

			Singular	**Plural**
Beispiel	**Nominativ**	*(wer oder was?)*	*der Mensch*	*die Menschen*
	Genitiv	*(wessen?)*	*des Menschen*	*der Menschen*
	Dativ	*(wem?)*	*dem Menschen*	*den Menschen*
	Akkusativ	*(wen oder was?)*	*den Mensch(en)*	*die Menschen*

oder

			Singular	**Plural**
Beispiel	**Nominativ**	*(wer oder was?)*	*die Pflanze*	*die Pflanzen*
	Genitiv	*(wessen?)*	*der Pflanze*	*der Pflanzen*
	Dativ	*(wem?)*	*der Pflanze*	*der Pflanzen*
	Akkusativ	*(wen oder was?)*	*die Pflanze*	*die Pflanzen*

Gemischte Deklination

Eine gemischte Deklination liegt vor, wenn der **Singular stark** und der **Plural schwach** gebeugt wird.

		Singular	**Plural**
Nominativ	*(wer oder was?)*	das Auge	die Augen
Genitiv	*(wessen?)*	des Auges	der Augen
Dativ	*(wem?)*	dem Auge	den Augen
Akkusativ	*(wen oder was?)*	das Auge	die Augen

oder

		Singular	**Plural**
Nominativ	*(wer oder was?)*	der Strahl	die Strahlen
Genitiv	*(wessen?)*	des Strahls	der Strahlen
Dativ	*(wem?)*	dem Strahl	den Strahlen
Akkusativ	*(wen oder was?)*	den Strahl	die Strahlen

Man erkennt an diesen beiden Beispielen, dass die **Singularformen** das besondere Merkmal der **starken Deklination (Endung -(e)s im Genitiv)** aufweisen und die **Pluralformen** das besondere Merkmal der **schwachen Deklination: Alle Endungen lauten -(e)n.**

Zunächst wollen wir einen kleinen Ausflug zu dem Dichter Christian Morgenstern unternehmen:

Übung

B15

Originaltext

Der Werwolf

Ein Werwolf eines Nachts entwich
von Weib und Kind und sich begab
an eines Dorfschullehrers Grab
und bat ihn: „Bitte beuge mich!"

Der Dorfschullehrer stieg hinauf
auf seines Blechschilds Messingknauf
und sprach zum Wolf, der seine Pfoten
geduldig kreuzte vor dem Toten:

„Der Werwolf", sprach der gute Mann,
„des Weswolfs, Genitiv sodann,
dem Wemwolf, Dativ, wie mans nennt,
den Wenwolf, – damit hats ein End."

Dem Werwolf schmeichelten die Fälle,
er rollte seine Augenbälle.
„Indessen", bat er, „füge doch
zur Einzahl auch die Mehrzahl noch!"

Der Dorfschullehrer aber mußte
gestehn, daß er von ihr nichts wußte.
Zwar Wölfe gäbs in großer Schar,
doch ,Wer' gäbs nur im Singular.

Der Wolf erhob sich tränenblind –
er hatte ja doch Weib und Kind!!
Doch da er kein Gelehrter eben,
so schied er dankend und ergeben.

Da du bezüglich der **Deklination** jetzt schon ein kleiner Fachmann bist, könntest du dem Werwolf das antworten, was der Dorfschullehrer offensichtlich nicht wusste. Der Werwolf hat nämlich gar keinen Grund betrübt zu sein, denn die Interrogativpronomen *wer? wessen? wem? wen?* fragen beim Deklinieren der Substantive nicht nur nach den Singularformen, sondern

Übung

B16

Und wie sieht die **Beugung** aus bei *Vater, Mutter* und *Kind?* Werden sie **stark, schwach** oder **gemischt** dekliniert?
Am besten schreibst du dir alle Deklinationsformen auf:

Vater		Singular	Plural
Nominativ	(wer oder was?)	_____	_____
Genitiv	(wessen?)	_____	_____
Dativ	(wem?)	_____	_____
Akkusativ	(wen oder was?)	_____	_____

Mutter		Singular	Plural
Nominativ	(wer oder was?)	_____	_____
Genitiv	(wessen?)	_____	_____
Dativ	(wem?)	_____	_____
Akkusativ	(wen oder was?)	_____	_____

Kind		Singular	Plural
Nominativ	(wer oder was?)	_____	_____
Genitiv	(wessen?)	_____	_____
Dativ	(wem?)	_____	_____
Akkusativ	(wen oder was?)	_____	_____

Wenn du nun die besonderen Merkmale der **starken**, **schwachen** und **gemischten Deklination** überprüfst, weißt du die Antwort:

Vater wird _____ dekliniert.

Mutter wird _____ dekliniert.

Kind wird _____ dekliniert.

Übung

B17

Bei der nächsten Übung sind diejenigen zu beneiden, für die Deutsch die Muttersprache ist; denn sie sprechen meist ohne längeres Überlegen richtig. Wie aber mag es Wadim, Özlem und Leila ergehen, die erst seit einigen Jahren in Deutschland leben? Sie sitzen über ihren Schularbeiten und sollen **Singular- und Pluralformen** bilden. In Leilas Heft steht nun:

das Land – *die Länder* _____

die Hand – *die Händer* _____

der Hut	–	die Hüte _____
die Flut	–	die Flüte _____
der Gast	–	die Gäste _____
der Mast	–	die Mäste _____
das Fest	–	die Feste _____
das Nest	–	die Neste _____

Als sie am nächsten Tag ihr Heft wiederbekommt, ist sie sehr erstaunt über ihre Fehler; sie hatte sich doch solche Mühe gegeben!
Klammere die falsch gebildeten **Pluralformen** ein und schreibe wie eine „Lehrerin" die richtigen Formen daneben.

In der kommenden Woche sitzt Leila wieder über ihren Schularbeiten. Heute soll sie neun beliebige Substantive suchen und den **Singular** mit dem **Plural** vergleichen. Sie wählt die Wörter:

Übung
B18

Apfelsine – Hunger – Schale – Ferien – Schlaf – Eltern – Schnee – Leute – Schlitten

Sie knobelt lange... Irgendetwas stimmt mit einigen Substantiven nicht. Endlich kommt ihr älterer Bruder hinzu und findet die Ursache für ihre Schwierigkeiten:

„Drei Wörter hast du günstig ausgesucht, nämlich die Wörter:

_____

_____

_____

Von ihnen lassen sich (wie von den meisten deutschen Wörtern) **Singular- und Pluralformen** bilden; aber bei den anderen Wörtern hast du Pech: Von den Substantiven

_____

_____

_____

lässt sich **nur der Singular** bilden, und die Substantive

_____

_____

_____

gibt es **nur im Plural.**"

Bei einigen Substantiven allerdings müssen auch die Deutschen nachdenken: bei **Fremdwörtern**, beispielsweise bei Wörtern wie:

das Thema – *die* _____

der Rhythmus – *die* _____

der Atlas – *die* _____

das Album – *die* _____

das Museum – *die* _____

das Lexikon – *die* _____

das Komma – *die* _____

(Hier ist jedoch auch schon eine eingedeutschte Form erlaubt: *die Kommas.*)

Deklination der übrigen veränderbaren Wortarten

Nun erwartest du sicherlich, dass jetzt die Deklinationsformen der übrigen veränderbaren Wortarten **(Artikel, Adjektiv, Pronomen** und **Numerale)** einzeln dargestellt werden. Das Deklinieren geht jedoch immer nach demselben Schema vor sich: Die Wörter werden im **Singular** und im **Plural** in die bekannten **vier Fälle** gesetzt: **Nominativ – Genitiv – Dativ – Akkusativ.**

Dies kannst du dir auch merken, ohne dass wir jetzt bei jeder Wortart üben, wie die einzelnen Deklinationsformen genau aussehen.
(Hast du übrigens gemerkt, dass wir unbeabsichtigt beim Deklinieren der Substantive bereits die Deklination der **bestimmten Artikel** und einiger **Interrogativpronomen** angewendet haben? Die Interrogativpronomen *wer? wessen? wem? wen? was?* haben uns geholfen, jeweils die richtige Endung des Substantivs zu finden, und die Artikel *der, die, das* haben wir als Begleiter der Substantive stets mitdekliniert.)

Besonderheiten bei der Beugung aller deklinierbaren Wortarten (Substantiv, Artikel, Adjektiv, Pronomen, Numerale)

Zwei Besonderheiten muss man sich beim Deklinieren dieser Wortarten gut einprägen:

1. Gehören mehrere Wortarten sinngemäß in einem Satz zusammen, so müssen sie auch grammatisch zueinander passen, z. B.

Beispiel | *Die alte, knorrige Eiche wird bald gefällt werden.*

Die Wörter *die alte, knorrige Eiche* (Artikel, zwei Adjektive, Substantiv) gehören sinngemäß zusammen; eine Nachprüfung ihrer Deklinationsform ergibt, dass sie alle **demselben Fall** angehören: Nominativ Singular, femininum.

Die Rinde ihres brüchigen Stammes ist schon ganz rissig. | *Beispiel*

In diesem Satz gehört die Wortgruppe *ihres brüchigen Stammes* sinngemäß zusammen; diese Zusammengehörigkeit zeigt sich auch grammatisch: Alle Wörter bilden **dieselbe Deklinationsform:** Genitiv Singular, maskulinum.

Bei dieser **gegenseitigen Angleichung** der Wörter spielt das **Substantiv** die führende Rolle. Die übrigen Wörter müssen sich nach ihm richten. (In den beiden Beispielsätzen waren es die Substantive *Eiche* und *Stamm*.)

2. So mächtig Substantive in Beziehung zu anderen deklinierbaren Wörtern auch sind, oft genug aber werden sie oder ihre Stellvertreter (Pronomen) wiederum von zwei anderen Wortarten beherrscht, man sagt mit dem Fachausdruck sogar: Sie werden von ihnen **regiert.**

Verben und Präpositionen sind nämlich in der Lage, von sich aus den **Fall zu bestimmen**, in dem das dazugehörige Substantiv zu stehen hat. So gibt es Verben und Präpositionen, die den **Genitiv** regieren, während andere den **Dativ** oder **Akkusativ** erfordern, z. B.

Es versichert sich seiner Zustimmung. (Verb mit Substantiv im Genitiv) | *Beispiele*
Ungeachtet seiner Zustimmung zögert er noch. (Präposition mit Substantiv im Genitiv)

Es gefällt ihnen. (Verb mit Pronomen im Dativ)
Sie kaufen es samt dem Zubehör. (Präposition mit Substantiv im Dativ)

Sie lesen die Gebrauchsanweisung. (Verb mit Substantiv im Akkusativ)
Für beide war es die richtige Entscheidung. (Präposition mit Pronomen im Akkusativ)

Die Tabelle auf der nächsten Seite gibt dir dazu eine gute Übersicht.

	Verben, die…	Präpositionen, die…
den Genitiv regieren:	*gedenken* (wessen?) *bedürfen* (wessen?) *sich erinnern* (wessen?)	*abseits* (wessen?) *bezüglich* (wessen?) *aufgrund* (wessen?)
den Dativ regieren:	*nützen* (wem?) *folgen* (wem?) *ähneln* (wem?)	*aus* (wem?) *bei* (wem?) *mit* (wem?)
den Akkusativ regieren:	*loben* (wen oder was?) *legen* (wen oder was?) *schieben* (wen oder was?)	*für* (wen oder was?) *gegen* (wen oder was?) *durch* (wen oder was?)

Übung

B20

Ergänze die fehlenden Buchstaben:

„Leihst du mir heute dein__ schön__, neu__ Umhängetasche?"

„Ja, aber lass sie nicht in de___ voll__ Bus liegen!"

Prüfe nun, ob die inhaltlich zusammengehörenden Wörter auch grammatisch zueinander passen. Versuche herauszufinden, ob sie alle **dieselbe Deklinationsform** haben (Fall/Kasus, Anzahl/Numerus, Geschlecht/Genus).

Die Wörter *dein, schön, neu* und *Umhängetasche* stehen alle in der Deklinationsform:

_____

Die Wörter *der, voll* und *Bus* stehen alle in der Deklinationsform:

_____

Welche beiden Wörter regieren hier den falschen Fall?

Nur nicht so drängeln!
Immer mit die Ruhe!
Kannst du mir mal anfassen?

Das Wort _____ müsste den _____ regieren.

Das Wort _____ müsste den _____ regieren.

Wie müsste dann der korrigierte Text heißen?

Satzbau: Welche Aufgaben können die verschiedenen Wortarten in einem Satz übernehmen?

Wie wir bereits wissen, versteht man unter einem **Satz** die **in sich geschlossenen Sinnabschnitte unserer Sprache** (vgl. Seite 5). Dass solche Sinneinheiten jeweils aus Wörtern bestehen, wissen wir inzwischen längst.

Wir wissen jedoch bisher noch nicht, **welche Aufgaben** die inzwischen behandelten verschiedenen Wortarten in einem Satz übernehmen können und ob sie jeweils nur für eine einzige Aufgabe geeignet sind oder auf unterschiedliche Weise im Satz einsetzbar sind. Wenn wir dieser Frage nachgehen, erfahren wir, welche **Baugesetze** innerhalb eines Satzes gelten bzw. welche unsichtbaren Regeln man beim Sprechen anwendet, um die einzelnen Wörter aufeinander abzustimmen (vgl. Seite 6).

1. Die wichtigsten Satzglieder

Bevor wir nun lernen, einen einfachen Satz zu bauen, wollen wir eine Frage klären, die ab jetzt unsere Überlegungen zu den Spielregeln der Grammatik „nebenbei" begleiten wird: Warum stehen in einigen Sätzen **Satzzeichen?**

Diese Frage kann anhand eines kleinen Poesiealbum-Verses beantwortet werden:

Originaltext

Alles Böse wünsch ich dir
fern vom Leibe bleibe mir
alles Unglück treffe dich
niemals denk an mich!

Schreibt man wohl einen so unfreundlichen Vers ins Album??? Bei näherem Hinsehen ist dieser Vers jedoch gar nicht so unfreundlich. Wenn man ihn nämlich an den richtigen Stellen mit **Satzzeichen** versieht, dann lautet er ganz „anders":

Originaltext

Alles Böse wünsch ich dir
fern vom Leibe. Bleibe mir
alles! Unglück treffe dich
niemals! Denk an mich!

Satzzeichen sind also hilfreich, um in einem geschriebenen oder gedruckten Text die **Sprechpausen** zu kennzeichnen und damit den Sinn eindeutig festzulegen. Wir werden daher bei unserer Untersuchung von Sätzen auch prüfen, an welchen Stellen ein Satzzeichen am Platze ist.

Ein einfacher Satz muss **mindestens zwei Satzglieder** aufweisen:
– **Satzgegenstand/Subjekt**

– **Satzaussage/Prädikat**

Das Flugzeug ist ein Verkehrsmittel.
Das Flugzeug startet.
Es fliegt.
Die Stewardess ist freundlich.

Beispiele

Eine Besonderheit stellt hierbei die Verwendung eines **Imperativs** dar, z. B.

Geh! Flieg! Komm!

Beispiel

In Imperativen sind **Subjekt und Prädikat versteckt** enthalten. Imperative sind also Mini-Sätze.

1.1 Subjekt/Satzgegenstand

Das **Subjekt**/der **Satzgegenstand** nennt die Person oder Sache, um die sich der ganze Satz dreht, sozusagen den „**Kopf" des Satzes**. Das Subjekt bezeichnet also den **Träger der Aussage:** Von ihm soll etwas ausgesagt werden. Man findet das Subjekt in einem Satz, indem man fragt: **wer oder was?**

Das Flugzeug ist ein Verkehrsmittel.
Das Flugzeug ist ein Verkehrsmittel.   Wer oder was ist ein Verkehrsmittel?

Beispiele

Das Flugzeug startet.
Das Flugzeug startet.   Wer oder was startet?

Es fliegt.
Es fliegt.   Wer oder was fliegt?

Die Stewardess ist freundlich.
Die Stewardess ist freundlich.   Wer oder was ist freundlich?

An dieser Frage wird bereits erkennbar, dass das Subjekt **immer im Nominativ** steht (vgl. Seite 72).

Das Subjekt besteht meistens aus

Beispiele
- einem **Substantiv**, z. B.

  Das Flugzeug ist ein Verkehrsmittel.
  Das Flugzeug fliegt.
  Die Stewardess ist freundlich.

- einem **Pronomen**, z. B.

  Es fliegt.

1.2 Prädikat/Satzaussage

Das „**Rückgrat" des Satzes** wird durch das **Prädikat**/die **Satzaussage** gebildet. Das Prädikat ist der wichtigste Teil eines Satzes, der Aussagekern, und gibt Auskunft über das, was von der Person oder Sache **ausgesagt wird** (Handlung, Vorgang, Zustand, vgl. Seite 8).
Man findet das Prädikat durch die Frage: **Was wird von dem Subjekt ausgesagt?**

Beispiele
Das Flugzeug ist ein Verkehrsmittel.   **Was wird von** dem Flugzeug **ausgesagt?**
Das Flugzeug ist ein Verkehrsmittel.

Das Flugzeug startet.   **Was wird von** dem Flugzeug **ausgesagt?**
Das Flugzeug startet.

Es fliegt.   **Was wird von** ihm **ausgesagt?**
Es fliegt.

Die Stewardess ist freundlich.   **Was wird von** der Stewardess **ausgesagt?**
Die Stewardess ist freundlich.

Das Prädikat enthält **immer ein konjugiertes Verb**. Es handelt sich meist um
- ein **Vollverb**, z. B.

Beispiele
Das Flugzeug startet.
Das Flugzeug fliegt.

- das **Hilfsverb** *sein* **mit einer Ergänzung.**
Diese Ergänzung kann bestehen aus

a) einem **Adjektiv** (ohne Endung), z. B.

Die Stewardess ist freundlich.

b) einem **Substantiv** (im Nominativ), z. B.

Das Flugzeug ist ein Verkehrsmittel.

Da von diesen beiden Prädikatsteilen das **Hilfsverb** *sein* den wichtigsten Teil darstellt, nennt man es **Prädikatskern**; die Ergänzung heißt **Prädikatsnomen**.

Das Prädikat muss sich **durch Konjugation** auf das Subjekt einstellen; d. h. die Personalform des Verbs muss sich in Person und Numerus (Singular bzw. Plural) **dem Subjekt anpassen**, z. B.

Das Flugzeug fliegt.
Die Flugzeuge fliegen.

Beispiele

Solche formale Übereinstimmung von Subjekt und Prädikat bezeichnet man als **Kongruenz/Entsprechung**. Diese Kongruenzforderung verdient besondere Beachtung, wenn man mehrere Subjekte aufzählt, z. B.

Das Flugzeug, das Schiff und das Auto sind Verkehrsmittel.
Der Pilot, der Copilot und ein kleiner Junge sitzen im Cockpit.

Beispiele

Da in diesen Beispielsätzen das Subjekt jeweils aus einer Aufzählung mehrerer Substantive besteht, muss das Prädikat also im Plural erscheinen.

Ist dir bei den beiden Beispielsätzen für die **Aufzählung von Subjekten** nicht etwas Besonderes aufgefallen? Schau sie dir noch einmal in Ruhe an:

Das Flugzeug, das Schiff und das Auto sind Verkehrsmittel.
Der Pilot, der Copilot und ein kleiner Junge sitzen im Cockpit.

Beispiele

Du merkst, beide Sätze enthalten **ein Komma**. Warum? **Bei Aufzählung gleichartiger Satzglieder** trennt man die einzelnen Satzglieder durch ein Komma voneinander.

Und warum steht dann im ersten Satz nach dem Wort *Schiff* (vor dem Wort *und*) und im zweiten Satz nach dem Wort *Copilot* (vor dem Wort *und*) kein Komma? Bei Aufzählung gleichartiger Satzglieder steht ein Komma **nur dann, wenn nicht bereits eine nebenordnende Konjunktion diesen Platz eingenommen hat** (z. B. *und* oder *oder*); es wird also **entweder** ein Komma **oder** eine Konjunktion gesetzt.

Wir haben auf diese Weise die erste **Zeichensetzungsregel** gefunden, die üblicherweise folgenden Wortlaut hat:

Regel

> **Gleichartige Satzglieder einer Aufzählung werden durch ein Komma voneinander getrennt, wenn sie nicht verbunden sind durch eine nebenordnende Konjunktion wie**
> **und, oder, wie, als, sowie, sowohl – als auch, entweder – oder, weder – noch.**

Beispiel | *Ostern, Pfingsten* **und** *Weihnachten sind Feiertage.*

Hier werden mehrere **Subjekte aufgezählt**; zwischen *Pfingsten* und *Weihnachten* steht wegen der nebenordnenden Konjunktion *und* kein Komma.

Beispiel | *Regnet, hagelt* **oder** *schneit es?*

Hier werden mehrere **Prädikate aufgezählt**; zwischen *hagelt* und *schneit* steht wegen der nebenordnenden Konjunktion *oder* kein Komma.

Beispiel | *Ferien sind* **sowohl** *erholsam* **als auch** *abwechslungsreich.*

Hier werden zwei **Prädikatsnomen aufgezählt**; wegen der nebenordnenden Konjunktion *sowohl – als auch* steht zwischen ihnen kein Komma.

Und welches **Satzzeichen** steht **am Ende eines Satzes?** Es ist für dich sicherlich längst selbstverständlich, dass

– **am Ende eines Aussagesatzes ein Punkt** steht, z. B.   *Du gehst.*
– **am Ende eines Fragesatzes ein Fragezeichen** steht, z. B.   *Gehst du?*
– **am Ende eines Ausrufesatzes ein Ausrufezeichen** steht, z. B.   *Geh!*

Wir brauchen diese Regeln daher nicht mehr gesondert zu üben.

Welche **Satzzeichen** setzt man aber, wenn man **mehrere Sätze miteinander verbindet?**

Um diese Frage beantworten zu können, müssen wir uns zunächst klarmachen, **welche Arten von Sätzen** es überhaupt gibt:

Grundsätzlich lassen sich **zwei Satzarten unterscheiden:**

– **selbstständige Sätze**, d. h. Sätze, die von keinem anderen Satz abhängen und die man daher auch **Hauptsätze** nennt, z. B.

Beispiel | *Christoph und Carmen laufen Rollschuh.*

Wollen wir mehrere solcher Hauptsätze aneinander reihen, so entsteht eine **Satzreihe**, z. B.

Christoph und Carmen laufen Rollschuh, und Denis geht zum Hockey. | *Beispiel*

– **unselbstständige Sätze**, d. h. Sätze, die von einem anderen Satz abhängen, die also für sich allein keinen Sinn ergeben, z. B.

weil heute so schönes Wetter ist. | *Beispiel*

Dieser Satz ergibt erst dann einen richtigen Sinn, wenn man ihn zu einem Hauptsatz fügt, beispielsweise zu einem der oben genannten Hauptsätze. Es entsteht dann das **Satzgefüge:**

Christoph und Carmen laufen Rollschuh, weil heute so schönes Wetter ist. | *Beispiel*

Sätze, die nicht für sich allein stehen können, nennt man **Nebensätze**, und weil sie erst **als Glied eines Hauptsatzes** einen richtigen Sinn bekommen, heißen sie auch **Gliedsätze**.

Und zu welcher der beiden Satzarten gehören wohl die uns bisher bekannten **einfachen Sätze?** Natürlich zu den **Hauptsätzen**.

Daher interessieren wir uns für den Fall, dass man mehrere Hauptsätze in einer **Satzreihe** aneinander reiht, und damit lernen wir unsere zweite **Zeichensetzungsregel** kennen:

> **Aneinander gereihte Hauptsätze werden durch ein Komma voneinander getrennt – es sei denn, dass zwischen ihnen eine Konjunktion steht; dann kann man das Komma auch fortlassen.**

Regel

Der Mond geht auf, die Sterne funkeln. | *Beispiel*

Hier bilden zwei kleine Hauptsätze eine **Satzreihe**; da zwischen den beiden Sätzen keine Konjunktion steht, **muss** das Komma gesetzt werden.

Der Mond geht auf, und die Sterne funkeln. Der Mond geht auf und die Sterne funkeln. | *Beispiel*

Hier bilden die beiden Hauptsätze wieder eine **Satzreihe**; da zwischen den Sätzen aber bereits eine Konjunktion steht, **kann** man ein Komma setzen oder fortlassen.

Nach diesem Ausflug in die Geheimnisse der Zeichensetzung wollen wir noch einmal das, was wir über die beiden wichtigsten Satzglieder gelernt haben, zusammenfassen und in einer Grafik bildlich veranschaulichen. Es werden dabei einige Abkürzungen benutzt:

– **S**　　　　　　　meint **Subjekt**　　　　　　　　　　　　(vgl. Seite 83f.)

– **P**　　　　　　　meint **Prädikat**, wenn es sich um ein Vollverb handelt
　　　　　　　　　　　　　　　　　　　　　　　　　　　　　(vgl. Seite 84)

– **PK und PN**　　meint **Prädikatskern und Prädikatsnomen**　(vgl. Seite 85)

Ein **einfacher Satz** lässt sich bildlich so veranschaulichen:

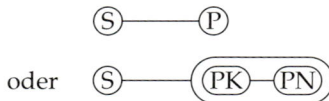

oder

Der Verbindungsstrich zwischen beiden Satzgliedern bedeutet, dass sich **logisch** das Subjekt immer auf das Prädikat und das Prädikat immer auf das Subjekt bezieht.

Übung

C1

Bestimme in allen Sätzen des folgenden Textes das **Subjekt** (Frage: **Wer oder was?**) und das **Prädikat** (Frage: **Was wird von dem Subjekt ausgesagt?**); unterstreiche das Subjekt mit einem einfachen Strich und das Prädikat mit einem Doppelstrich. (Achtung! Beide Satzglieder können auch mehrfach in einem einzigen Satz vorkommen, vgl. Seite 85f.!)

Originaltext

Die Schnecke
An einem Bahndamm wohnte eine Schnecke. Alle Tage schimpfte sie über einen vorbeisausenden Schnellzug, denn dieser störte ihre Ruhe. „Das treibe ich ihm aus!", murmelte die Schnecke. Am nächsten Tag hockte sie zwischen den Gleisen. Bald hörte sie den Zug. Drohend zeigte sie ihre Fühler und rief grimmig: „Niederstoßen werde ich ihn!" Der Zug kam heran und brauste über die Schnecke hinweg. Die Schnecke sah den Davoneilenden. „Der Schnellzug reißt aus", brummte sie mit Verachtung, „er ist ein Feigling!"

Übung

C2

Stelle die folgenden Sätze grafisch dar:

(1) Die Schnecke ist selbstbewusst.

(2) Der Zug kommt.

(3) Er ist ein Feigling.

(4) Der Zug ist vorübergefahren.

Überlege, welche **Wortarten** jeweils für das Subjekt und das Prädikat verwendet werden, und fülle die Tabelle aus:

Wortart	Text	Satzglied
(1) _____	*Die*	_____
_____	*Schnecke*	_____
_____	*ist*	_____
_____	*selbstbewusst.*	_____
(2) _____	*Der*	_____
_____	*Zug*	_____
_____	*kommt.*	_____
(3) _____	*Er*	_____
_____	*ist*	_____
_____	*ein*	_____
_____	*Feigling.*	_____
(4) _____	*Der*	_____
_____	*Zug*	_____
_____	*ist*	_____
_____	*vorübergefahren.*	_____

Kreuze jeweils die richtige Antwort an:

(1) Hat das **Adjektiv** eine Endung, wenn es als **Prädikatsnomen** verwendet wird? (vgl. Satz 1)
☐ Es hat eine Endung.   ☐ Es hat keine Endung.

(2) In welchem Fall steht das **Prädikatsnomen**, wenn es ein **Substantiv** ist? (vgl. Satz 3)
☐ im Nominativ   ☐ im Genitiv   ☐ im Dativ   ☐ im Akkusativ

(3) In welchem **Tempus** steht das **Prädikat** in Satz 4?
☐ im Präsens   ☐ im Perfekt   ☐ im Imperfekt   ☐ im Plusquamperfekt
☐ im Futur I   ☐ im Futur II

Unter die Lupe genommen:

Beispiele

(1) *Er ist gekommen.*
(2) *Er ist freundlich.*
(3) *Er ist ein Beamter.*

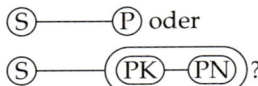

Diese Sätze sehen auf den ersten Blick so aus, als seien sie grammatisch gleich gebaut.

Doch nehmen wir sie einmal unter die Lupe, besonders die Wörter, die außer dem Hilfsverb *sein* noch im Prädikat vorkommen: das Verb *kommen*, das Adjektiv *freundlich* und das Substantiv *Beamter*. Und jetzt ist alles klar:

Gehört – wie in Satz (1) – ein **Verb** zu dem Hilfsverb *sein*, so handelt es sich um den Fall:

Beispiele

Ich bin geklettert.
Du bist gelaufen.
Er ist gesprungen.

Gehört jedoch – wie in Satz (2) und (3) – ein **Adjektiv** oder ein **Substantiv** zu dem Hilfsverb *sein*, so handelt es sich um den Fall:

Beispiele

Wir sind zuversichtlich.
Wir sind Vereinsmitglieder.

Ihr seid einsatzbereit.
Ihr seid Sportler.

Sie sind begabt.
Sie sind Meister.

Übung

C5

Entscheide dich nun bei jedem Satz, ob das Prädikat durch Ⓟ oder durch (PK)-(PN) dargestellt werden müsste, und zeichne die passende Grafik daneben:

Die Wanderer sind müde.
Sie sind stehen geblieben.

Die Sonne ist fortgegangen.
Das Wetter ist kühl.

Das Ziel war ein Gasthof.
Ein Wanderer ist vorausgeeilt.

Die anderen waren nachgekommen.
Der Gasthof war gemütlich.

Im nachstehenden Zusatztext fehlen 3 Satzzeichen. Setze sie ein und begründe sie. (An einer Stelle **könnte** man ein weiteres Satzzeichen setzen; dies kannst du jedoch frei entscheiden.)

Übung

C6

(1) Die Schnecke ist weder ängstlich noch schüchtern.
(2) Sie schimpft und die Blumen Gräser und Steine hören zu.
(3) Der Zug naht.
(4) Die Grasstängel wanken die Blumenblätter wehen aber die Steine sind unbeweglich.

Hinter dem Wort _____ steht (k)ein Komma wegen Regel S. _____.

Hinter dem Wort _____ könnte (k)ein Komma gesetzt werden wegen

Regel S. _____.

Hinter dem Wort _____ steht (k)ein Komma wegen Regel S. _____.

Hinter dem Wort/den Wörtern _____ steht (k)ein Komma wegen Regel

S. _____.

2. Weitere nützliche Satzglieder

Einfache Sätze, die nur aus Subjekt und Prädikat bestehen, kommen in unserem Alltag nicht sehr häufig vor. Das hat mehrere Ursachen: Zum einen klingen sie wegen ihrer Kürze manchmal etwas „abgehackt", und man bemüht sich daher um eine fließendere Sprache. Zum anderen möchte man oft etwas genauer ausdrücken, und dazu benötigt man eben zusätzliche Satzglieder.

Ich sitze am Computer.
Ich sitze mit meinem Freund am Computer.
Ich sitze manchmal nachmittags mit meinem Freund am Computer.

Beispiele

Außerdem gibt es zahlreiche Vollverben, die als Prädikat zusammen mit einem Subjekt noch keinen vollständigen Sinn ergeben, weil sie von sich aus auf eine Ergänzung eingestellt sind, wie die Beispiele auf der nächsten Seite zeigen.

Der Pilot sieht …
Der Politiker beantwortet …
Der Arzt verschreibt …

Für solche Fälle lassen sich **einfache Sätze erweitern**, indem man ihnen **weitere nützliche Satzglieder hinzufügt**.

2.1 Objekt/Satzergänzung

Objekte ergänzen in einem Satz das Prädikat; sie sind also **Satzergänzungen**, die logisch **immer auf das Prädikat bezogen** sind.

Wenn man den Begriff **Objekt** mit dem Buchstaben **O** abkürzt, so kann man diesen Sachverhalt anschaulich darstellen:

Es gibt im Deutschen vier verschiedene Arten von Objekten:

Akkusativ-Objekt/Satzergänzung im 4. Fall

Das **Akkusativ-Objekt** gibt das **Ziel** einer Handlung an; d. h. es bezeichnet die Person oder Sache, auf die sich eine Handlung unmittelbar richtet.
Dass man Verben, die auf ein Ziel gerichtet sind, **transitive Verben** nennt, weißt du bereits aus dem Kapitel über das Passiv (vgl. Seite 65f.).

Du findest das Akkusativ-Objekt in einem Satz, indem du mit dem Subjekt und dem Prädikat fragst:

Beispiel

wen oder was?
Der Matrose beobachtet die Windfahne.

Wen oder was beobachtet der Matrose?
Der Matrose beobachtet die Windfahne.

Die Windfahne ist das **Ziel** seines Beobachtens.

Beispiel

Er setzt die Segel.
Wen oder was setzt er?
Er setzt die Segel.

Das Segel ist das **Ziel** des Setzens.

Das Akkusativ-Objekt besteht meistens aus:

– einem **Substantiv**, z. B.   *Die Schüler essen Brötchen.*

– einem **Pronomen**, z. B.   *Der Hausmeister verkauft sie.*

An dieser Stelle ist ein Hinweis nötig auf eine Gruppe von Wörtern, die – genau genommen – als Akkusativ-Objekte bezeichnet werden könnten, die aber bereits so eng mit dem Verb verschmolzen sind, dass sie nicht mehr als selbstständige Objekte empfunden werden: Das sind die Verben, die nicht ohne den Akkusativ des **Personalpronomens** gebraucht werden können, z. B.

sich beeilen, sich freuen, sich weigern. | *Beispiele*

Wenn man mit der Frage wen oder was? nach diesen Pronomen fragt, so zeigt sich, dass sie eigentlich „Akkusativ-Objekte" sind.

Wen oder was beeilt er?   *Er beeilt sich.* | *Beispiele*
Wen oder was freut er?   *Er freut sich.*
Wen oder was weigert er?   *Er weigert sich.*

Wie man erkennt, handelt es sich bei dem Wörtchen *sich* um ein Wörtchen, das sich jeweils auf das Subjekt **zurückbezieht**.

Ich beeile mich. | *Beispiele*
Du freust dich.
Er weigert sich.

Man nennt es daher **rückbezügliches Pronomen** oder **Reflexivpronomen**. Verben, die ein solches Reflexivpronomen bei sich haben, heißen demnach **reflexive Verben**.
Da diese Verben nie ohne das Reflexivpronomen vorkommen, betrachtet man sie auch als einen Ausdruck und lässt das „Akkusativ-Objekt" unberücksichtigt.

Du kennst sicher das alte Lied vom Jockel, der den Hafer schneiden soll und dem der Herr viele Boten – ohne Erfolg – nachschickt, damit er endlich seine Arbeit verrichte, bis dann der Herr selbst nach dem Jockel und all seinen Boten schaut.
In der letzten Strophe heißt es:

Übung

C7

Da geht der Herr nun selbst hinaus,   _____ | *Originaltext*

und macht gar bald ein End daraus.   _____

Der Teufel holt den Henker nun,   _____

der Henker hängt den Schlächter nun,   _____

der Schlächter schlacht den Ochsen nun, _____

der Ochse säuft das Wasser nun, _____

das Wasser löscht das Feuer nun, _____

das Feuer brennt den Prügel nun, _____

der Prügel schlägt den Pudel nun, _____

der Pudel beißt den Jockel nun, _____

der Jockel schneidet den Hafer nun _____

und kommt auch gleich nach Haus. _____

Suche alle **Akkusativ-Objekte** aus dieser Strophe heraus und schreibe sie oben daneben.

Übungen

Und wie oft kannst du bei der Bildgeschichte von Charlie Brown fragen: **wen oder was?** Unterstreiche alle Akkusativ-Objekte und zähle, wie viele du in der Bildgeschichte gefunden hast.

Da man in der Charlie-Brown-Geschichte _____mal **wen oder was?** fragen kann, kommen _____ Akkusativ-Objekte vor.

C9   Wenn in Sätzen mit **reflexiven/rückbezüglichen Verben**, z. B.

Ich erkundige mich.
Du verbeugst dich.
Er vergewissert sich.

das Personalpronomen *mich, dich* und *sich* kein „richtiges" Akkusativ-Objekt ist, müsste man die Grafik Ⓢ———Ⓟ———Ⓞ für solche Fälle verändern;

die Abkürzung  müsste gestrichen werden. Wohin könnte der verbleibende Strich geführt werden? Kannst du die Grafik sinngemäß vervollständigen?

Ⓢ——————Ⓟ——————

Dativ-Objekt/Satzergänzung im 3. Fall

Das **Dativ-Objekt** nennt die Person oder Sache, der sich ein Geschehen **zuwendet**, z. B.

Mein Nachbar flüstert mir etwas zu.
Ich antworte ihm.
Er widerspricht mir.

Beispiele

Du findest das Dativ-Objekt in einem Satz, indem du mit dem Subjekt und dem Prädikat fragst: wem?

Wem flüstert mein Nachbar etwas zu?
Mein Nachbar flüstert mir etwas zu.
Wem antworte ich?
Ich antworte ihm.
Wem widerspricht er?
Er widerspricht mir.

Beispiele

Das Dativ-Objekt besteht meistens aus:
– einem **Substantiv**, z. B.   *Er vertraut dem Zufall.*
– einem **Pronomen**, z. B.   *Es gelingt ihnen.*

„Was fällt dir ein?
Du hast mir mein Jo-Jo
weggenommen!" –
„Ich hab es mir geliehen." –
„Dir werde ich es zeigen!
Gib es mir zurück!
Ich rat es dir!"

Übung

C10

Hier wenden sich zwei Schülerinnen – in nicht gerade freundlicher Weise – einander zu; dabei werden einige **Dativ-Objekte** benutzt. Unterstreiche sie.

Übung

C11

Setze in der folgenden Satzkette die fehlenden **Artikel** ein:

So trifft man sich.

Die Untermieterin	*begegnet* _____	*Nachbarin.*
Die Nachbarin	*begegnet* _____	*Zeitungsfrau.*
Die Zeitungsfrau	*begegnet* _____	*Postboten.*
Der Postbote	*begegnet* _____	*Heizungsmonteur.*
Der Heizungsmonteur	*begegnet* _____	*Hausmeister.*
Der Hausmeister	*begegnet* _____	*Untermieterin.*

Zu welchem Satzglied gehören die gefundenen Artikel?

Sie gehören zum _____

Genitiv-Objekt/Satzergänzung im 2. Fall

Das **Genitiv-Objekt** bezeichnet die Person oder Sache, die von einem Geschehen mit betroffen ist. Obwohl es im Deutschen recht selten verwendet wird, sollte man es kennen, z. B.

Beispiele | *Der Hilflose bedarf der Unterstützung .*
Der Redner gedenkt des Feiertages.

Du findest das Genitiv-Objekt in einem Satz, indem du mit dem Subjekt und dem Prädikat fragst: wessen?

Beispiele | Wessen bedarf der Hilflose?
Der Hilflose bedarf der Unterstützung.
Wessen gedenkt der Redner?
Der Redner gedenkt des Feiertages.

Auch das Genitiv-Objekt besteht meistens aus:
– einem **Substantiv**, z. B. *Die Behauptung entbehrt jeder Grundlage .*
– einem **Pronomen**, z. B. *Er spottet seiner.*

Übung

C12

Vor Gericht
Der Angeklagte ist des Diebstahls überführt und harrt des Urteils. Er schämt sich seiner Tat. Der Angeklagte bedarf eines Verteidigers. Der Richter waltet seines Amtes.

Unterstreiche in dem etwas altmodisch klingenden Text die **Genitiv-Objekte**.

Setze die eingeklammerten Wörter im richtigen Fall ein:

Der Sieg

Die Siegerin freut sich _____ *(ihr Sieg).*

Ruhmesrausch bemächtigt sich _____ *(sie).*

Sie rühmt sich _____ *(ihre Leistung).*

Präpositionales Objekt/Satzergänzung mit Präposition

Präpositionale Objekte heißen solche Objekte, die mit Hilfe einer Präposition (vgl. Seite 36ff.) mit dem Prädikat verbunden sind, z. B.

Die Reisenden warten auf den Zug.
Der Schaffner bittet um die Fahrkarten.

Beispiele

Wie man erkennt, gehören hierbei die präpositionalen Objekte **unmittelbar zum Verb**, z. B.

warten auf, bitten um, denken an, besteht aus, sich begnügen mit, abhängen von, duften nach, einwilligen in, achten auf, streben nach.

Beispiele

Du findest das präpositionale Objekt durch **dasjenige Fragepronomen, in dem die jeweils vorkommende Präposition eingeschlossen ist.**

Für die Beispielsätze lauten also die Fragen:

Wor<u>auf</u> warten die Reisenden? *Die Reisenden warten auf den Zug.*

Beispiel

In dem Fragepronomen *worauf* ist die vorkommende Präposition *auf* eingeschlossen.

Wor<u>um</u> bittet der Schaffner? *Der Schaffner bittet um die Fahrkarten.*

Beispiel

In dem Fragepronomen *worum* ist die in diesem Satz vorkommende Präposition *um* eingeschlossen.

Weitere Beispiele sind:

Die Zuschauer lachen über die Späße.

Beispiel

Das Fragepronomen lautet hier wor<u>über</u>.

Die Kostüme passen zu dem Theaterstück.

Beispiel

Das Fragepronomen lautet hier wo<u>zu</u>.

Das präpositionale Objekt besteht meistens aus:

– einer **Präposition mit Substantiv**, z. B. *Sie träumen von den Bergen* .

– einer **Präposition mit Pronomen**, z. B. *Sie schwärmen von ihnen.*

Einen Ausdruck, in dem eine Präposition vorkommt, nennt man **präpositionalen Ausdruck**.
Das **präpositionale Objekt** ist also ein **präpositionaler Ausdruck**.

Übung
C13

Schreibe in den freien Teil der Kreise die passende Präposition und unter jeden Kreis das dazugehörige **Fragepronomen**.

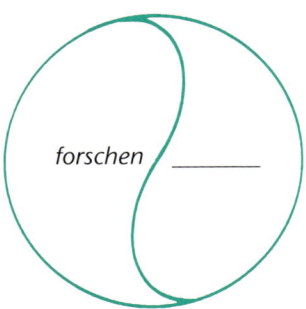

forschen _____

nachdenken _____

Fragepronomen: _____

Fragepronomen: _____

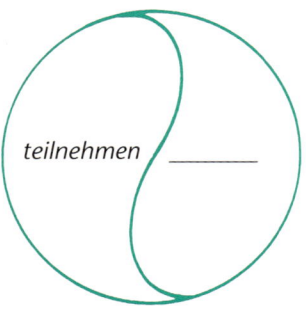

teilnehmen _____

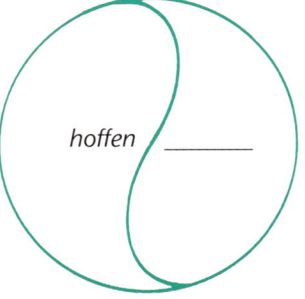

hoffen _____

Fragepronomen: _____

Fragepronomen: _____

Übung
C14

Unterstreiche die **präpositionalen Objekte** des folgenden Textes:

Der Profi
Ninas Walkman streikt . . . Da sie sich immer schon für Technik interessierte, sucht sie selbst nach der Ursache. Bald ist das Gerät repariert. Sie freut sich über den Erfolg.

Zusammenfassung:

Nun haben wir die vier verschiedenen Objekte kennen gelernt:

– **Akkusativ-Objekt**   **Frage: wen oder was?**
– **Dativ-Objekt**   **Frage: wem?**
– **Genitiv-Objekt**   **Frage: wessen?**
– **präpositionales Objekt**   **Frage: Fragewort mit eingeschlossener Präposition**, z. B. *woran? worauf? worüber?* usw.

Alle haben gemeinsam, dass sie das **Prädikat ergänzen**.

Jetzt wollen wir prüfen, ob wir die verschiedenen Objektarten voneinander unterscheiden können.

Am besten stellen wir hierzu jeden Satz in einer **Grafik** dar, wobei wir folgende Abkürzungen verwenden wollen:

AO   für das Akkusativ-Objekt
DO   für das Dativ-Objekt
GO   für das Genitiv-Objekt
pO   für das präpositionale Objekt

An einigen der bereits bekannten Sätze soll das Darstellungsverfahren als Beispiel durchgeführt werden:

Der Matrose beobachtet die Windfahne.    *Beispiele*

Ich antworte ihm.

Der Hilflose bedarf der Unterstützung.

Die Reisenden warten auf den Zug.

Falls ein Satz einmal mehrere Objekte enthält, so trägt man in die Grafik mehrere Objekte ein, z. B.

Der Ober bringt dem Gast Apfelsaft. 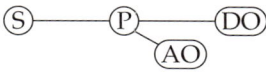   *Beispiel*

In welcher Reihenfolge die einzelnen Satzglieder in der Grafik aufgeführt werden, spielt keine Rolle; es kommt jedoch darauf an, dass die **logischen Verbindungsstriche** zwischen den Satzgliedern richtig gezogen sind:

Subjekte werden immer mit Prädikaten verbunden.
Objekte werden ebenfalls immer mit Prädikaten verbunden.

Werden **mehrere gleichartige Satzglieder** aufgezählt, so bekommen sie eine kleine Kennziffer.

Beispiele

Der Ober bedient die Gäste und fragt nach ihren Wünschen.

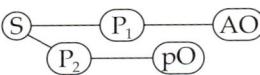

Die Gäste bitten um Pfeffer und Salz.

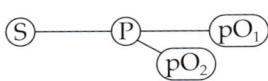

Da die **Konjunktion** *und* kein selbstständiges Satzglied ist, sondern nur Satzglieder verbindet, bleibt sie bei der grafischen Darstellung unberücksichtigt.

Übung

C15

Stelle jeden Satz der Bildgeschichte grafisch dar; bei Satz 1, 3 und 5 warten schon kleine Hilfen auf dich.

(1) Der Onkel schenkt Vater und Sohn ein Geldstück.

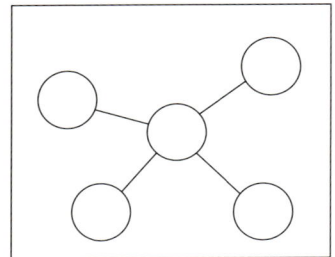

(2) Beide freuen sich über den Reichtum. (Hinweis: Da *sich freuen* ein reflexives Verb ist – vgl. Seite 93 – kann man das Pronomen *sich* unberücksichtigt lassen.)

(3) Keiner würdigt das Sparschwein eines Blickes.

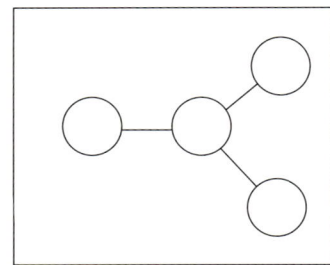

(4) Der Vater nähert sich dem Sparschwein.

 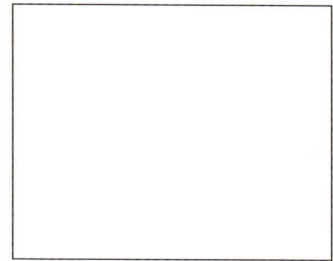

(5) Der Sohn ist dem Vater zuvorgekommen. (Hinweis: Der Satz enthält ein einziges Verb: das Verb *zuvorkommen*.)

 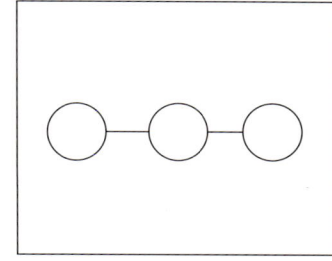

(6) Er liefert dem Vater den Beweis.

Bilde nun selbst Sätze nach den vorgegebenen Mustern und verwende dabei die nebenstehenden Wörter:

Übung

C16

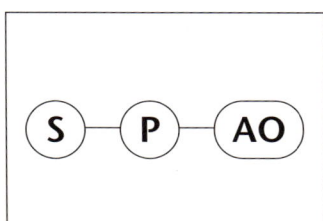

der Onkel
füllen
das Sparschwein

_____

_____

_____

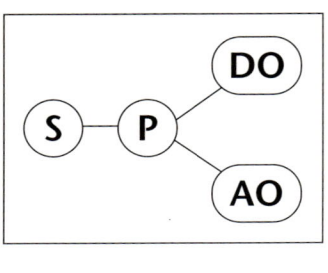

keiner
verraten
der andere
der Plan

_____
_____
_____

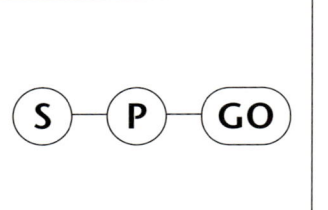

das Sparschwein
bedürfen
ein Wächter

_____
_____
_____

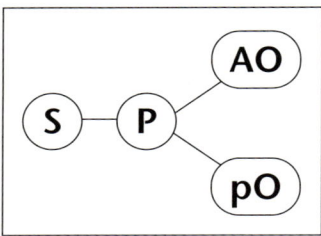

das Sparschwein
verlocken zu
der Vater
eine Heimlichkeit

_____
_____
_____

der Vater
sich wundern über
das Sparschwein

_____
_____
_____

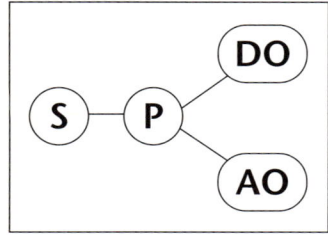

der Sohn
bringen
der Vater
die Erklärung

_____
_____
_____

Zwischenbilanz

Bisher haben wir **drei Satzglieder** kennen gelernt, das

- **Subjekt**, von dem der Satz handelt
- **Prädikat**, das etwas über das Subjekt aussagt
- **Objekt**, das den Sinn des Prädikats ergänzt.

Es folgen zum Schluss noch **zwei Satzglieder**, die die Aufgabe haben, **etwas näher zu bestimmen:**
- entweder ein **Ereignis** (also **Verben!**)
- oder eine **Person oder Sache** (also **Substantive!**).

Sie haben beide also dieselbe Aufgabe; sie führen diese jedoch an anderen Bezugswörtern durch:

- **Adverbiale Bestimmungen/Umstandsbestimmungen** erläutern **besondere Umstände eines Ereignisses**, z. B.

  Wegen der Hitze ist das Freibad heute sehr voll. | *Beispiel*

- **Attribute/Beifügungen** erläutern **besondere Merkmale von Personen oder Sachen**, z. B.

  Das große Freibad in der Gartenstraße ist heute sehr voll. | *Beispiel*

Mehr Satzglieder gibt es im Deutschen nicht.

2.2 Adverbiale Bestimmung/Umstandsbestimmung

Oft reicht ein Verb aus, um im Prädikat etwas über ein Subjekt auszusagen, z. B.

Die Schüler amüsieren sich. | *Beispiel*

Will man jedoch einige besondere Umstände des Amüsierens erläutern, beispielsweise **wann** und **wo** sie dies tun, so kann man dem Prädikat noch eine **Umstandsbestimmung** hinzufügen, z. B.

Die Schüler amüsieren sich in der Pause auf dem Schulhof. | *Beispiel*

Mit dem Zusatz *in der Pause* wird die Zeit angegeben, zu der sich die Schüler amüsieren, und mit dem Zusatz *auf dem Schulhof* wird der Ort genannt, an dem sie sich amüsieren.

Adverbiale Bestimmungen sind also dazu geeignet, das **Prädikat näher zu bestimmen und genauere Angaben zu den Umständen** zu machen, unter denen sich etwas ereignet.

Da im Prädikat immer ein **Verb** vorkommen muss, nennt man sie **adverbiale Bestimmungen** (vgl. Seite 34: Ad-verb bedeutet: zum Verb gehörend).

Dass die adverbiale Bestimmung **logisch** stets **auf das Prädikat bezogen** ist, lässt sich grafisch so darstellen:

Und aus **welchen Wortarten** bestehen solche adverbialen Bestimmungen? Adverbiale Bestimmungen bestehen meistens aus:

– einer **Präposition mit Substantiv** (also einem präpositionalen Ausdruck), z. B.

Beispiele   *Britta steht an einer Ampel.*
Kai steht neben Britta.

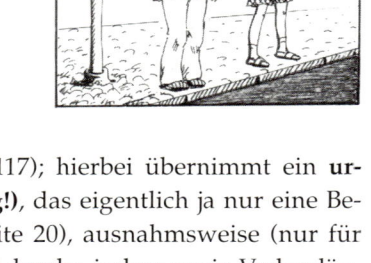

– einem **Adverb**.
Dieses wiederum kann sein:
a) ein **ursprüngliches Adverb**
(vgl. Seite 35, 116), z. B.

Beispiele   *Jetzt ist die Ampel grün.*
Deshalb gehen beide hinüber.

b) ein **abgeleitetes Adverb** (vgl. S. 35, 117); hierbei übernimmt ein **ursprüngliches Adjektiv (ohne Endung!)**, das eigentlich ja nur eine Beziehung zu Substantiven hat (vgl. Seite 20), ausnahmsweise (nur für diesen einen Satz) die Funktion eines Adverbs, indem es ein Verb erläutert, z. B.

Beispiele   *Ein Auto hupt laut.*
Die Straßenbahn klingelt schrill.

Man unterscheidet im Allgemeinen neun Arten der adverbialen Bestimmung; vier Umstände sind dir aus dem Kapitel über das **Adverb** bereits bekannt, bei dem wir folgende Arten hervorgehoben haben:

– **Adverb des Ortes**
– **Adverb der Zeit**
– **Adverb der Art und Weise**
– **Adverb des Grundes**

Umstandsbestimmung des Ortes/lokale adverbiale Bestimmung

Wollen wir mitteilen, an welchem Ort etwas geschieht, so setzen wir zu dem Prädikat eine **Umstandsbestimmung des Ortes/lokale adverbiale Bestimmung**.
Man fragt nach ihr: wo? woher? wohin?

Die Astronauten fahren zum Mond.
Wohin fahren die Astronauten?
Die Astronauten fahren zum Mond.

Sie machen dort Experimente.
Wo machen sie Experimente?
Sie machen dort Experimente.

Die Astronauten kehren zur Erde zurück.
Wohin kehren die Astronauten zurück?
Die Astronauten kehren zur Erde zurück.

Beispiele

Umstandsbestimmung der Zeit/temporale adverbiale Bestimmung

Soll die Zeit angegeben werden, zu der sich etwas ereignet, so setzen wir zu dem Prädikat eine **Umstandsbestimmung der Zeit/temporale adverbiale Bestimmung**.
Man fragt nach ihr: wann? wie lange? bis wann? seit wann? wie oft?

Wir zelten am Wochenende.
Wann zelten wir?
Wir zelten am Wochenende.

Wir zelten zwei Tage.
Wie lange zelten wir?
Wir zelten zwei Tage.

Wir bleiben bis zum Abend.
Bis wann bleiben wir?
Wir bleiben bis zum Abend.

Seit Donnerstag ist der Rucksack gepackt.
Seit wann ist der Rucksack gepackt?
Seit Donnerstag ist der Rucksack gepackt.

Wir zelten häufig.
Wie oft zelten wir?
Wir zelten häufig.

Beispiele

Umstandsbestimmung der Art und Weise/modale adverbiale Bestimmung

Kommt es uns darauf an, die Art und Weise eines Geschehens hervorzuheben, so setzen wir zu dem Prädikat eine **Umstandsbestimmung der Art und Weise/modale adverbiale Bestimmung**.

Man fragt nach ihr: wie? auf welche Art und Weise?

Beispiele | *Sie spielen gut Tischtennis.*
Wie spielen sie Tischtennis?
Sie spielen gut Tischtennis.

Sie spielen mit Eifer Tischtennis.
Auf welche Art und Weise spielen sie?
Sie spielen mit Eifer Tischtennis.

Umstandsbestimmung des Grundes/kausale adverbiale Bestimmung

Möchten wir den Grund angeben, aus dem etwas geschieht, so setzen wir zum Prädikat eine **Umstandsbestimmung des Grundes/kausale adverbiale Bestimmung**.

Man fragt nach ihr: warum? weshalb? aus welchem Grunde?

Beispiele | *Wegen der Überstunden ist der Vater müde.*
Warum ist der Vater müde?
Wegen der Überstunden ist der Vater müde.

Daher zieht er sich zurück.
Weshalb zieht er sich zurück?
Daher zieht er sich zurück.

Aus Rücksicht stört ihn niemand.
Aus welchem Grunde stört ihn niemand?
Aus Rücksicht stört ihn niemand.

Ein Ereignis kann auch noch mit anderen Umständen verbunden sein:
– Es kann einen klaren **Zweck** verfolgen.
– Es kann unter bestimmten **Bedingungen** stattfinden.
– Es kann durch besondere **Mittel** hervorgerufen werden.
– Es können sich bestimmte **Folgen** einstellen.
– Es können sich **wirkungslose Voraussetzungen** offenbaren.

Umstandsbestimmung des Zwecks/finale adverbiale Bestimmung

Zum Lernen braucht man Geduld.
Wozu braucht man Geduld?
Zum Lernen braucht man Geduld.

Beispiele

Zur Entspannung braucht man Muße.
Wozu braucht man Muße?
Zur Entspannung braucht man Muße.

Unser Verhalten hängt nämlich oft mit dem Zweck zusammen, den wir mit ihm erreichen wollen. Wenn wir diesen Zweck nennen wollen, so setzen wir zu dem Prädikat eine **Umstandsbestimmung des Zwecks/finale adverbiale Bestimmung**.
Man fragt nach ihr: wozu? zu welchem Zweck?

Umstandsbestimmung der Bedingung/konditionale adverbiale Bestimmung

Bekanntlich darf man im Winter nicht bei jedem Wetter auf dem See Schlittschuhlaufen. Es müssen erst bestimmte Bedingungen erfüllt sein, damit man sich ohne Gefahr auf das Eis begeben kann:
Die Eisdecke muss stark sein; und damit sie stark wird, muss es besonders kalt sein; sonst kann sich das Wasser nicht zu einer festen Eisdecke zusammenziehen.

Zur Angabe solcher Bedingungen verwendet man die **Umstandsbestimmung der Bedingung/konditionale adverbiale Bestimmung**.

Man fragt nach ihr: unter welcher Bedingung?

Beispiele

Bei Wärme dehnt sich Wasser aus.
Unter welcher Bedingung *dehnt sich Wasser aus?*
Bei Wärme dehnt sich Wasser aus.

Bei Kälte zieht sich Wasser zusammen.
Unter welcher Bedingung *zieht sich Wasser zusammen?*
Bei Kälte zieht sich Wasser zusammen.

Umstandsbestimmung des Mittels/instrumentale adverbiale Bestimmung

Da wir bei einer Tätigkeit oft bestimmte Methoden anwenden oder bestimmte Werkzeuge benutzen, ist auch dieses Satzglied recht nützlich: die **Umstandsbestimmung des Mittels/instrumentale adverbiale Bestimmung**.

Man fragt nach ihr: womit? wodurch?

Beispiele

Der Gärtner schneidet die Rosen mit der Schere.
Womit *schneidet der Gärtner die Rosen?*
Der Gärtner schneidet die Rosen mit der Schere.

Durch Dünger fördert er das Wachstum.
Wodurch *fördert er das Wachstum?*
Durch Dünger fördert er das Wachstum.

Umstandsbestimmung der Folge/konsekutive adverbiale Bestimmung

Wenn du diesen kleinen stachligen Gesellen zu Gesicht bekämst, wärst du sicherlich erstaunt. Das Erblicken des Igels hätte also dein Erstaunen zur Folge. Dies kannst du sprachlich ausdrücken mit der **Umstandsbestimmung der Folge/konsekutive adverbiale Bestimmung**.
Man fragt nach ihr: mit welcher Folge?

Zu meinem Erstaunen sehe ich einen Igel.
Mit welcher Folge sehe ich einen Igel?
Zu meinem Erstaunen sehe ich einen Igel.

Beispiele

Zu meinem Bedauern rollt er sich ein.
Mit welcher Folge rollt er sich ein?
Zu meinem Bedauern rollt er sich ein.

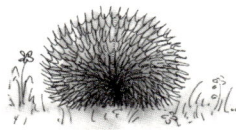

Umstandsbestimmung der Einräumung/konzessive adverbiale Bestimmung

Es herrscht Glatteis, und wir erwarten, dass der Schulbus nicht fährt. Fährt er nun trotzdem, so ist die Voraussetzung des Glatteises wirkungslos geblieben. Für solche wirkungslosen Voraussetzungen haben wir im Deutschen die **Umstandsbestimmung der Einräumung/konzessive adverbiale Bestimmung**.
Man fragt nach ihr: trotz welcher Voraussetzung?

Trotz des Glatteises fahren die Omnibusse.
Trotz welcher Voraussetzung fahren die Omnibusse?
Trotz des Glatteises fahren die Omnibusse.

Sie sind trotz des Schneefalls pünktlich.
Trotz welcher Voraussetzung sind sie pünktlich?
Sie sind trotz des Schneefalls pünktlich.

Vielleicht ist dir der Fachausdruck dieses Satzglieds noch nicht ganz klar, da wir das Substantiv „Einräumung" in unserer Alltagssprache wenig verwenden. Das Verb „einräumen" verwendet man jedoch öfter, und man kann vom Sinn dieses Verbs die adverbiale Bestimmung der Einräumung besser verstehen. „Einräumen" meint soviel wie „zugestehen, zugeben", z. B.

Das Unglück geschah trotz der Vorsichtsmaßnahmen.

In diesem Satz **räumt man zwar ein**, dass Vorsichtsmaßnahmen vorgenommen worden sind, dass diese aber offensichtlich **ohne Wirkung** waren.
Bei dieser Art der adverbialen Bestimmung werden also **Voraussetzungen** genannt, die **wirkungslos** blieben.

Als Merkhilfe für die Fremdwörter in diesem Kapitel noch einmal eine kleine Lateinlektion:

lateinisch   deutsch

locus   – Ort
(lokale adv. Best.)
tempus   – Zeit
(temporale adv. Best.)
modus   – Art, Weise
(modale adv. Best.)
causa   – Grund,
                 Ursache
(kausale adv. Best.)
finis   – Zweck, Absicht, Grenze
(finale adv. Best.)
conditio   – Bedingung
(konditionale adv. Best.)
instrumen-   – Mittel,
tum   Werkzeug
(instrumentale adv. Best.)
consecutio   – Folge
(konsekutive adv. Best.)
concessio   – Zugeständnis
(konzessive adv. Best.)

Abgrenzung zwischen verschiedenen adverbialen Bestimmungen

Du wirst an den Beispielen gemerkt haben, dass manche Arten der adverbialen Bestimmung eine ganz ähnliche Bedeutung haben. Der kleine Unterschied zwischen ihnen ist jedoch oft entscheidend, um sie richtig zu erkennen. Daher sollen dir einige Erläuterungen Klarheit bringen.

Adverbiale Bestimmung des Mittels – adverbiale Bestimmung der Art und Weise

Beide Satzglieder hängen inhaltlich eng miteinander zusammen, da durch die Erwähnung eines **Mittels** bei einer Tätigkeit gleichzeitig etwas über die **Art und Weise** dieser Tätigkeit ausgesagt wird, z. B.

Beispiel | *Wir schreiben mit dem Füller.*

Der Füller ist das **Mittel**/Werkzeug, mit dem wir schreiben; wir könnten nach diesem Satzglied fragen: Womit schreiben wir?

Gleichzeitig machen wir in diesem Satz jedoch auch eine Aussage über die **Art und Weise** unseres Schreibens; wir könnten nach diesem Satzglied deshalb auch fragen: Wie schreiben wir?

Jede adverbiale Bestimmung des Mittels ist also **gleichzeitig** eine adverbiale Bestimmung der Art und Weise.

Adverbiale Bestimmung der Bedingung – adverbiale Bestimmung der Zeit

Diese beiden Satzglieder stehen in einem ähnlichen Zusammenhang zueinander, weil jede Angabe einer **Bedingung** gleichzeitig (indirekt) etwas über die Zeit aussagt, z. B.

Beispiel | *Bei Fieber soll man im Bett bleiben.*

Das Fieber ist einerseits die **Bedingung**, unter der der Arzt Bettruhe verordnet, andererseits nennt es auch die **Zeit**, in der man im Bett bleiben soll. Nach dem Satzglied „bei Fieber" könnte man also fragen: Unter welcher Bedingung soll man im Bett bleiben? Wann soll man im Bett bleiben?

Jede adverbiale Bestimmung der Bedingung ist also **gleichzeitig** eine adverbiale Bestimmung der Zeit.

Adverbiale Bestimmung des Zwecks – adverbiale Bestimmung des Grundes

Es geschieht oft etwas aus einem bestimmten **Grund** – zu einem bestimmten **Zweck**, z. B.

Lars schaltet aus Langeweile den Fernseher ein. | *Beispiel*

Die Langeweile ist der Grund/die Ursache für das Einschalten des Geräts.

Lars schaltet zum Zeitvertreib den Fernseher ein. | *Beispiel*

Der (angestrebte) Zeitvertreib ist der Zweck/die Absicht beim Einschalten des Geräts.

Der Unterschied zwischen diesen beiden Satzgliedern tritt deutlich zu Tage, wenn man sich die **Zeitverhältnisse** in diesem Satz klarmacht.
Erst hat Lars Langeweile, dann schaltet er das Gerät ein. Die Langeweile liegt also zeitlich **vor** dem Einschalten: Sie ist der **Grund** seines Tuns.

Der Zeitvertreib soll sich im zweiten Beispiel **nach** dem Einschalten einstellen; er soll erst durch das Einschalten hervorgerufen werden und ist daher der **Zweck** seines Tuns. Liegen die fraglichen Umstände also **vor** dem Ereignis, das im Prädikat ausgedrückt wird, so handelt es sich um eine adverbiale Bestimmung des Grundes; sollen sie erst **nach** dem Ereignis im Prädikat stattfinden, so handelt es sich um eine adverbiale Bestimmung des Zwecks.

Ein weiteres Beispiel wäre:

Aus Hunger isst er einen Apfel. | *Beispiel*

Adverbiale Bestimmung des **Grundes**, da der Hunger zeitlich dem Essen des Apfels vorangeht.

Zur Sättigung isst er einen Apfel. | *Beispiel*

Adverbiale Bestimmung des **Zwecks**, da die Sättigung erst durch das Essen hervorgerufen werden soll.

Adverbiale Bestimmung des Zwecks – adverbiale Bestimmung der Folge

Auch diese beiden Satzglieder lassen sich bei näherem Hinsehen durchaus klar voneinander abgrenzen. Sie haben beide gemeinsam, dass sie Aussagen über die Auswirkung eines Ereignisses/einer Handlung machen, wie die Beispiele auf der nächsten Seite zeigen.

Beispiele | *Wir gehen zum Singen in den Chor.*
Zu meiner Freude singen wir mein Lieblingslied.

Beide adverbialen Bestimmungen handeln von einem Umstand, der erst durch die Handlung im Prädikat hervorgerufen wird.

Bei der adverbialen Bestimmung des **Zwecks** wird diese Wirkung **bewusst beabsichtigt**; die Handlung im Prädikat geschieht, **damit** sich diese Wirkung einstellt:
Wir gehen zum Singen in den Chor.

Bei der adverbialen Bestimmung der **Folge** stellt sich die Wirkung ein, ohne dass sie bewusst beabsichtigt war; die Handlung im Prädikat geschieht, und **unbeabsichtigt** ergibt sich aus ihr eine Wirkung:
Zu meiner Freude singen wir mein Lieblingslied.
(Der Chorleiter wusste bei seinem Liedvorschlag gar nichts von meiner – späteren – Freude.)

Wie wär's an dieser Stelle mit einer zusammenfassenden Übersicht? Bitteschön:

Welchen Umstand nennt die adverbiale Bestimmung?		Wie fragt man nach ihr?
Ort	– lokale adv. Bestimmung	wo? woher? wohin?
Zeit	– temporale adv. Bestimmung	wann? wie lange? bis wann? seit wann? wie oft?
Art und Weise	– modale adv. Bestimmung	wie? auf welche Weise?
Grund	– kausale adv. Bestimmung	warum? weshalb? aus welchem Grunde?
Zweck	– finale adv. Bestimmung	wozu? zu welchem Zweck?
Bedingung	– konditionale adv. Bestimmung	unter welcher Bedingung?
Mittel	– instrumentale adv. Bestimmung	womit? wodurch?
Folge	– konsekutive adv. Bestimmung	mit welcher Folge?
Einräumung	– konzessive adv. Bestimmung	trotz welcher Voraussetzung?

Wie sehr sich **alle adverbialen Bestimmungen um das Prädikat drehen**, lässt sich an der abschließenden Übersicht erkennen:

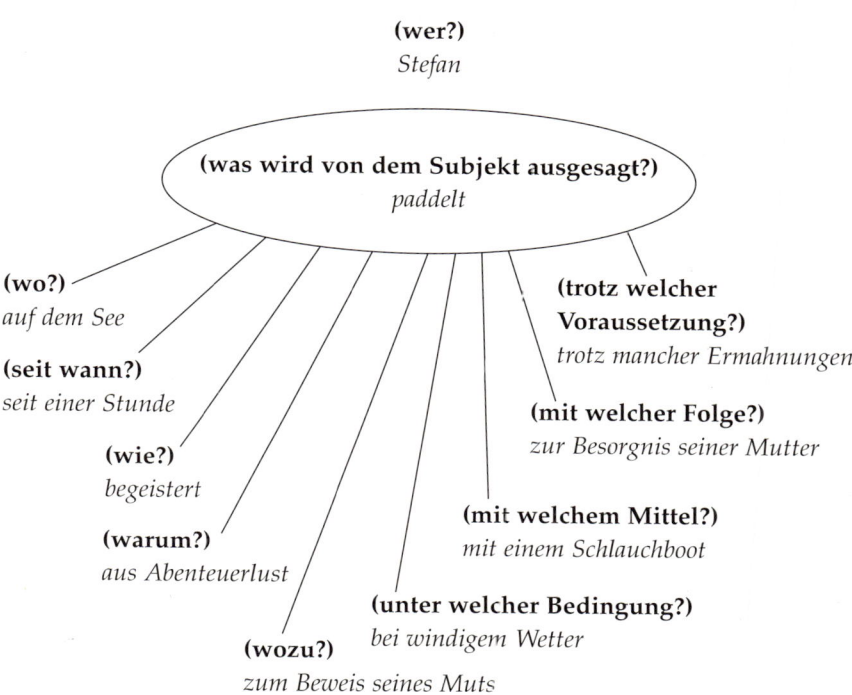

(wer?)
Stefan

(was wird von dem Subjekt ausgesagt?)
paddelt

(wo?)
auf dem See

(seit wann?)
seit einer Stunde

(wie?)
begeistert

(warum?)
aus Abenteuerlust

(wozu?)
zum Beweis seines Muts

(unter welcher Bedingung?)
bei windigem Wetter

(mit welchem Mittel?)
mit einem Schlauchboot

(mit welcher Folge?)
zur Besorgnis seiner Mutter

(trotz welcher Voraussetzung?)
trotz mancher Ermahnungen

Es ist später Abend. Die Polizei fahndet nach einem flüchtigen Einbrecher. Plötzlich beobachten zwei Polizisten, dass ein Mann von der engen Gasse am Kornmarkt in einen dunklen Hofeingang huscht. Sofort schöpfen sie Verdacht und eilen hinter ihm her. Als der Mann auf ihren Zuruf nicht reagiert, sondern hastig in einem Türeingang verschwindet, verstärkt sich ihre Vermutung. Auf der Treppe können sie ihn endlich zur Rede stellen. Während eines erregten Wortwechsels wollen die Polizisten allerhand wissen.

Beispiel

Übung

C17

Schreibe hinter die folgenden Sätze, nach welchem **näheren Umstand** die Polizisten fragen (Ort, Zeit, Art und Weise, Grund, Zweck, Bedingung, Mittel, Folge oder Einräumung).

Frage der Polizisten: Die Frage betrifft den Umstand:

„Warum rennen Sie vor uns weg?"   _____

„Woher kommen Sie?"   _____

„Wann sind Sie fortgegangen?"   _____

„Wie sind Sie hierher gekommen?"   _____

„Wo wohnen Sie?"   _____

„Womit können Sie sich ausweisen?"   _____

„Wozu haben Sie so viel Geld bei sich?" _____

In den folgenden Sätzen kommt jeweils eine **adverbiale Bestimmung** vor. Unterstreiche sie und schreibe in die rechte Spalte, um welche Art der adverbialen Bestimmung es sich handelt.

Die vorkommende adv. Bestimmung ist eine adv. Bestimmung des/der:

Trotz ihrer Fragen ist der Mann gelassen.   _____

Zu ihrer Überraschung überzeugen seine Antworten.   _____

Bei Bestätigung seiner Angaben wird die Sache erledigt sein.   _____

Übung

C18

Für die folgenden Übungen ist es einfacher, die ausführlichen Bezeichnungen für die adverbialen Bestimmungen durch **Abkürzungen** zu ersetzen; hierbei soll bedeuten:

aBO   – adv. Bestimmung des **O**rtes
aBZ   – adv. Bestimmung der **Z**eit
aBAW – adv. Bestimmung der **A**rt und **W**eise
aBG   – adv. Bestimmung des **G**rundes
aBZw – adv. Bestimmung des **Z**wecks
aBB   – adv. Bestimmung der **B**edingung
aBM   – adv. Bestimmung des **M**ittels
aBF   – adv. Bestimmung der **F**olge
aBE   – adv. Bestimmung der **E**inräumung

Bestimme nun die Satzglieder der folgenden Sätze.
Schreibe dazu über jedes Wort, um welches **Satzglied** es sich handelt, und
bilde dann zu jedem Satz eine Grafik, z. B.

Beispiel

S	P	aBZw	aBO
Die Geschwister	setzen sich	zum Essen	an den Tisch.

Die Reihenfolge der Kreise spielt keine Rolle; die
Verbindungsstriche müssen jedoch die richtigen
Satzglieder verbinden.

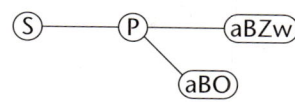

Die Eltern sind gestern zur Erholung in den Urlaub gefahren.

Der Älteste sorgt daher stolz für die Geschwister.

Mit Eifer bereitet er das Mittagessen.

Zu seiner Enttäuschung misslingt ihm manches.

Trotzdem schmeckt es den anderen gut.

Verwechslungen weitgehend ausgeschlossen!

In ihrer äußeren Form können sich zwei Satzglieder – leider – genau gleichen, nämlich
– das **präpositionale Objekt** und
– die **adverbiale Bestimmung**.

Dies liegt daran, dass beide Satzglieder präpositionale Ausdrücke sind (d. h.
Ausdrücke, die aus einer Präposition mit Substantiv bestehen).

Beispiele

Die Wetteransage warnt   vor dem Sturm.

Die Boote fahren   vor dem Sturm   in den Hafen.

Beide präpositionalen Ausdrücke haben jedoch im Satz **eine unterschiedliche Aufgabe.**

Beispiel

Die Wettervorhersage warnt vor dem Sturm.

In diesem Satz gehört der Ausdruck *vor dem Sturm* als **präpositionales Objekt** ganz eng zum **Verb**; ohne diese Ergänzung würde dem Sinn des Satzes
etwas Wichtiges fehlen.
Es ist also eine **Satzergänzung**.

Beispiel

Die Boote fahren vor dem Sturm in den Hafen.

Auch in diesem Satz gehört der präpositionale Ausdruck zwar zum **Verb**; wenn man ihn aber streichen würde, ergäbe sich immer noch ein sinnvoller Satz, nämlich:

¹ Es gibt zwar auch einzelne Fälle, bei denen einmal eine adverbiale Bestimmung unentbehrlich ist; aber wir wollen uns nicht von Ausnahmen verwirren lassen.

Die Boote fahren in den Hafen.

Es handelt sich um eine zusätzliche Erläuterung des Prädikats, also um eine nicht unbedingt notwendige **Ergänzung** der zeitlichen **Umstände** (d. h. um eine **adverbiale Bestimmung der Zeit**).[1]

Als grobe **Faustregel** kann man sich merken:
Wenn ein präpositionaler Ausdruck das Prädikat **notwendig ergänzt**, dann handelt es sich um ein präpositionales Objekt.
Wenn ein präpositionaler Ausdruck das Prädikat **zusätzlich erläutert**, so handelt es sich um eine adverbiale Bestimmung.

Übung

C19

Entscheide dich nun, ob es sich bei den umrandeten präpositionalen Ausdrücken um
– ein **präpositionales Objekt** (Sinnergänzung des Prädikats!) oder
– eine **adverbiale Bestimmung** (Umstandserläuterung des Prädikats!)
handelt. Kreuze die richtige Antwort jeweils an.

Die präpositionalen Ausdrücke werden verwendet als:	pO	aB
Der Kapitän verlässt sich *auf die Seekarte.*		
Er schreibt Zahlen *auf die Seekarte.*		
Der Steuermann beschäftigt sich *mit dem Kompass.*		
Er bestimmt die Himmelsrichtung *mit dem Kompass.*		
Der Funker übermittelt einen Funkspruch *an den Hafen.*		
Der Matrose denkt *an den Hafen.*		

Wie auf Seite 104 zu lesen war, können die **adverbialen Bestimmungen** nicht nur aus einem **präpositionalen Ausdruck** bestehen, sondern auch aus einem **Adverb**.

Hierbei gab es zwei Möglichkeiten:

1. Das Adverb kann ein **ursprüngliches Adverb** sein, z. B.

Beispiele

Sie zeichnet gern.
Sie zeichnet oft.

2. Es kann sich jedoch auch um ein **aus einem Adjektiv abgeleitetes „Adverb"** handeln, z. B.

> *Sie zeichnet naturgetreu.*
> *Sie zeichnet gut.*

Beispiele

Für ein solches **„Adverb"** bleibt das **Adjektiv ohne Endung**.

Da das **Adjektiv** von seiner Bedeutung her ein Eigenschaftswort/Wiewort/Artwort ist (vgl. Seite 20), leuchtet es ein, dass es beim Spezialgebrauch als **adverbiale Bestimmung der Art und Weise** zum Einsatz kommt und man nach ihm fragt:
wie? auf welche Art und Weise?

Nun haben wir noch ein weiteres Satzglied kennen gelernt, in dem ein **Adjektiv ohne Endung** vorkommen kann: das **Prädikatsnomen**. Wir erinnern uns, dass es auch für die Bildung des Prädikats zwei Möglichkeiten gab:

1. Es wird durch ein **Vollverb** gebildet, z. B.

> *Der Käfer krabbelt.*
> *Der Käfer brummt.*

Beispiele

2. Es wird durch ein **Hilfsverb mit Ergänzung/Prädikatsnomen** gebildet (vgl. Seite 84f.). Für das Prädikatsnomen gab es wiederum zwei Möglichkeiten:

– Es ist entweder ein **Substantiv im Nominativ**, z. B.

> *Der Käfer ist ein Lebewesen.*
> *Der Käfer ist ein Insekt.*

Beispiele

– Es ist ein **Adjektiv ohne Endung**, z. B.

> *Der Käfer ist braun.*
> *Der Käfer ist schnell.*

Beispiele

Man sieht, dass sich das **Adjektiv**, das im Satz **als Prädikatsnomen gebraucht** wird, in der äußeren Form nicht von einem **Adjektiv** unterscheidet, das **als adverbiale Bestimmung gebraucht** wird:
In beiden Fällen handelt es sich um ein Adjektiv, das **ohne Endung auftritt** und seine Aufgabe **nahe beim Verb** erfüllt.

Und woran lässt sich das Adjektiv als Prädikatsnomen nun von einem Adjektiv als adverbiale Bestimmung **eindeutig unterscheiden**?

Adjektiv als Prädikatsnomen	Zum „Adverb" gewordenes Adjektiv als adv. Bestimmung
Hier ist das Adjektiv ein **Teil des Prädikats**; ohne das Adjektiv ist das Prädikat unvollständig.	Hier ist das zum „Adverb" gewordene Adjektiv eine **zusätzliche Umstandserläuterung** zum Prädikat; auch ohne dieses Satzglied ist der Satz vollständig.
Das Verb, zu dem das Adjektiv inhaltlich gehört, ist ein **Hilfsverb**, d. h. ein Verb, das erst mit Hilfe einer Ergänzung einen verständlichen Sinn ergibt, z. B.	Das Verb, zu dem das Adjektiv inhaltlich gehört, ist ein **Vollverb**, d. h. ein Verb, das schon für sich allein einen Sinn ergibt, z. B.
Der Regenbogen ist farbig.	*Der Regenbogen leuchtet farbig.*
(Ohne das Adjektiv *farbig* hat der Satz keinen vollständigen Sinn.)	(Ohne das zum „Adverb" gewordene Adjektiv *farbig* ergibt der Satz bereits einen vollständigen Sinn.)

Übung

C 20

In den folgenden Sätzen wird nun **dasselbe Adjektiv** einmal als **Prädikatsnomen (PN)** und einmal als **adverbiale Bestimmung der Art und Weise (aBAW)** verwendet.
Kreuze in der rechten Spalte an, als welches Satzglied es jeweils eingesetzt wird.

Das Adjektiv wird verwendet als:	PN	aBAW
Ich bin zufrieden.		
Ich pfeife zufrieden.		
Du lernst zielstrebig.		
Du bist zielstrebig.		
Er ist humorvoll.		
Er erzählt humorvoll.		
Wir sind zuversichtlich.		
Wir planen zuversichtlich.		
Ihr lächelt vergnügt.		
Ihr seid vergnügt.		
Sie sind freundlich.		
Sie grüßen freundlich.		

2.3 Attribut/Beifügung

Nicht nur Ereignisse, die durch ein Verb im Prädikat ausgedrückt werden, lassen sich näher bestimmen (durch die adverbiale Bestimmung), sondern auch **Personen, Lebewesen und Sachen**, die durch ein **Substantiv** ausgedrückt werden, lassen sich ausführlicher beschreiben (vgl. Seite 103f.).

Möchte man nun **ein besonderes Merkmal hervorheben**, so kann man dem Substantiv eine **nähere Erklärung** beifügen bzw. ihm eine **Beifügung**/ein **Attribut** beigeben.

Man findet das Attribut in einem Satz, indem man mit dem übrigen Satz fragt: was für ein?

Schaut man sich diesen niedlichen Goldhamster an, so liegt es nahe, anstelle des „trockenen" Satzes

Der Goldhamster spielt.

| *Beispiel*

eine Besonderheit des Goldhamsters zu erwähnen.

Hierzu stehen uns hauptsächlich vier Arten von Attributen zur Verfügung:

Adjektivisches Attribut

Hierfür verwendet man die Wortart des **Adjektivs**, die sich ja sehr gut zur Bezeichnung von **Eigenschaften** eignet (vgl. Seite 20).

Will man das Adjektiv als Attribut einsetzen, so stellt man es einfach **vor das Substantiv**, das näher bestimmt werden soll, z.B.

Der Goldhamster spielt. Der kleine Goldhamster spielt.

| *Beispiel*

Auf diese Weise wird eine besondere Eigenschaft des Goldhamsters hervorgehoben: seine Größe.

Was für ein Goldhamster spielt?
Der kleine Goldhamster spielt.

| *Beispiel*

Bei einem adjektivischen Attribut muss sich die **Endung des Adjektivs** nach der Deklinationsform des dazugehörigen Substantivs (Fall, Anzahl, Geschlecht) richten und sich vollständig anpassen (vgl. Seite 78f.), z.B.

Die kleinen Goldhamster spielen.

| *Beispiel*

Genitiv-Attribut

Dieses Attribut passt gut zur Angabe eines Besitzers und besteht aus einem **Substantiv im Genitiv**. Meist stellt man es **hinter das Substantiv**, das näher bestimmt werden soll, z. B.

Beispiel | *Der Goldhamster spielt. Der Goldhamster der Kinder spielt.*

Es könnte jedoch auch vor dem betreffenden Substantiv stehen, z. B.

Beispiel | *Christinas Goldhamster spielt.*

Auch hier hat das Attribut die Aufgabe, ein Substantiv genauer zu beschreiben.

Beispiel | **Was für ein Goldhamster** spielt?
Der Goldhamster der Kinder spielt. Christinas Goldhamster spielt.

Präpositionales Attribut

Um auch bei einem Substantiv nähere Umstände angeben zu können – wie Ort, Zeit, Art und Weise –, gibt es das **präpositionale Attribut**, das aus einer **Präposition mit Substantiv** besteht, z. B.

Beispiel | *Der Goldhamster spielt. Der Goldhamster mit dem hübschen Fell spielt.*

In diesem Beispielsatz wird das besondere Aussehen des Goldhamsters herausgestellt.

Beispiel | **Was für ein Goldhamster** spielt?
Der Goldhamster mit dem hübschen Fell spielt.

Präpositionale Attribute stehen **hinter dem Substantiv**, das sie näher bestimmen.

Apposition

Dies ist eine Beifügung, die in demselben Fall wie das Substantiv steht, zu dem sie gehört. Die Apposition kann **vor oder hinter dem dazugehörenden Substantiv** seinen Platz haben, z. B.

Beispiel | *Der Goldhamster spielt.*
Der Goldhamster, mein Lieblingstier, spielt. Mein Lieblingstier Goldhamster spielt.

Wie alle Attribute sind auch die Appositionen nähere Bestimmungen zu einem Substantiv.

Was für ein Goldhamster spielt?
Der Goldhamster, mein Lieblingstier, spielt. Mein Lieblingstier Goldhamster spielt.

Beispiel

Wie man am Beispielsatz für **nachgestellte Apposition** ablesen kann, weist diese eine Besonderheit auf, mit der wir nun die nächste Zeichensetzungsregel lernen:

Die nachgestellte Apposition wird in Kommas eingeschlossen.

Logisch bezieht sich das Attribut immer auf dasjenige Substantiv, das näher erläutert werden soll.

Da **Substantive im Subjekt, im Prädikatsnomen, im Objekt, in der adverbialen Bestimmung** und **im Attribut selbst** vorkommen können, sind folgende grafische Darstellungen möglich, wobei der Ausdruck **Attribut** mit dem Buchstaben **A** abgekürzt wird:

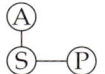

Das Attribut erläutert ein **Subjekt**, z. B.
Der Hund des Nachbarn bellt.
Was für ein Hund bellt?

Beispiel

Das Attribut erläutert ein **Prädikatsnomen**, z. B.
Der Storch ist ein Tier mit langen Beinen.
Was für ein Tier ist der Storch?

Beispiel

Das Attribut erläutert ein **Objekt**, z. B.
Die Gans frisst grüne Blätter.
Was für Blätter frisst die Gans?

Beispiel

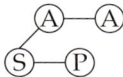

Das Attribut erläutert ein **Attribut**, z. B.
Die Katze mit den weißen Pfötchen schnurrt.
Was für eine Katze schnurrt?

Beispiel

Zusammenfassung:

Das **Attribut**, nach dem man **was für ein?** fragt, kann bestehen aus:	Beispielsatz, in dem jeweils das **Subjekt** durch ein Attribut näher bestimmt wird:
– **Adjektiv**	*Der regnerische April ist unbeliebt.*
– **Substantiv im Genitiv**	*Der April dieses Jahres ist unbeliebt.*
– **Präposition mit Substantiv**	*Der April mit den Regentagen ist unbeliebt.*
– **Substantiv im gleichen Fall** a) **vorangestellt** b) **nachgestellt** (in Kommas eingeschlossen)	*Der Regenmonat April ist unbeliebt.* *Der April, der Regenmonat, ist unbeliebt.*

Übung

C 21

Im vorigen Kapitel haben wir geübt, wie man ein Adjektiv im Prädikatsnomen von einem Adjektiv unterscheidet, das zu einem „Adverb" geworden ist. Nun müssen wir darauf achten, dass wir auch die dritte (und letzte) Einsatzmöglichkeit eines Adjektivs in einem Satz eindeutig erkennen können.

Man kann **Adjektive**, die **als Attribute** verwendet werden, bereits an ihrer **äußeren Form** erkennen.

Versuche, diesen äußeren Unterschied mit eigenen Worten zu erklären:

_____

_____

Äußerlich haben auch das **Genitiv-Attribut** und das **Genitiv-Objekt** dieselbe Form: Sie bestehen jeweils aus einem **Substantiv im Genitiv**.

An ihrer **Aufgabe im Satz** und an ihrem **Bezugswort** kann man sie jedoch eindeutig voneinander unterscheiden:

Das **Genitiv-Attribut**	Das **Genitiv-Objekt**
gehört zu einem **Substantiv**.	gehört zu einem **Verb**.
Es **erläutert** als meist **entbehrliches Satzglied** das Substantiv, z. B.	Es **ergänzt** als **unentbehrliches Satzglied** das **Verb**, z. B.
Die Last der Verantwortung bedrückt ihn.	*Die Verordnung enthebt ihn der Verantwortung.*

Prüfe nun, ob die Substantive in den folgenden Sätzen die Aufgabe eines Genitiv-Attributs **(GA)** oder eines Genitiv-Objekts **(GO)** erfüllen; kreuze das jeweilige Satzglied in der rechten Spalte an.

Das Substantiv im Genitiv wird verwendet als:	GA	GO
Der Arzt bedient sich der Notlüge.		
Der Inhalt der Notlüge beruhigt den Todkranken.		
Der Verzweifelte bedarf des Zuspruchs.		
Durch die Wirkung des Zuspruchs wird er gelassener.		
Trotz der Gewissensbisse schämt er sich der Notlüge nicht.		
Er denkt oft über die Probleme der Notlüge nach.		

Auch das **präpositionale Attribut** stimmt in seiner äußeren Form mit den beiden anderen Satzgliedern überein, für die präpositionale Ausdrücke verwendet werden: mit dem **präpositionalen Objekt** (vgl. Seite 97ff., 115f.) und der **adverbialen Bestimmung** (vgl. Seite 103ff., 115ff.).

Aber auch bei diesen präpositionalen Ausdrücken gibt es eindeutige Merkmale, an denen sie sich erkennen lassen: ihre **Aufgabe im Satz** und ihr **Bezugswort**.

Das **präpositionale Attribut**	Die **adverbiale Bestimmung**	Das **präpositionale Objekt**
gehört zu einem **Substantiv**.	gehört zu einem **Verb**.	gehört zu einem **Verb**.
Es **erläutert** als meist **entbehrliches Satzglied** das Substantiv, z. B.	Es **erläutert** als meist **entbehrliches Satzglied** das Verb, z. B.	Es **ergänzt** als **unentbehrliches Satzglied** das Verb, z. B.
Der Zettel mit der Rechnung liegt auf dem Tisch.	*Die Firma bestätigt mit der Rechnung den Einkauf.*	*Er befasst sich mit der Rechnung.*

Prüfe nun, welche der drei Aufgaben der **präpositionale Ausdruck** in den folgenden Sätzen übernimmt; kreuze das jeweilige Satzglied in der rechten Spalte an.

Der präpositionale Ausdruck wird verwendet als:	pA	aB	pO
Der Bergsteiger fürchtet sich vor dem Gewitter.			
Die Luft vor dem Gewitter ist schwül.			
Die Luft ist vor dem Gewitter schwül.			
Die Wissenschaftler suchen nach einer Entdeckung.			
Die Zufriedenheit nach einer Entdeckung ist groß.			
Die Zufriedenheit ist nach einer Entdeckung groß.			
Das Spiel macht vielen Menschen Spaß. mit den Würfeln			
Man muss mit den Würfeln eine hohe Punktzahl erreichen.			
Die Kinder spielen mit den Würfeln.			

Du merkst, dass sich durch die Stellung der Wörter im Satz der Sinn eines Satzes ändern kann.

Übung

C24

Nun wird jemand gesucht, der die Fehler, die sich in den nächsten Sätzen verstecken, herausfinden kann.

Hierzu sei in Erinnerung gerufen, dass die **Apposition** immer in demselben Fall steht wie das Substantiv, zu dem sie gehört, z. B.

Beispiel | *Unsere Klasse hat gestern der amerikanischen Parallelklasse, unserem Internetpartner, eine Nachricht geschickt.*

Die in diesem Satz vorkommende Apposition gehört zum Dativ-Objekt; also muss die Apposition ebenfalls im Dativ stehen.

Schreibe nun über die Fehlstellen des folgenden Textes die richtigen Wörter:

Otto, _unser Briefträger_, kommt mit einer Postkarre.

So merkt er das Gewicht seiner Tasche, _der dicke Postbehälter_, nicht.

Manchmal muss er dem Schäferhund, _der scharfe Wachhund_, ausweichen.

Bei besonderen Anlässen vertritt er Willi, _sein Kollege_.

3. Zusammenfassung: Satzbauplan

Nun kennen wir endlich **alle fünf Satzglieder**, die es im Deutschen gibt:

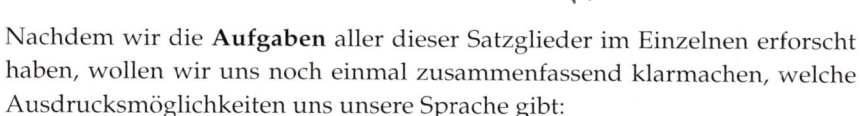

- **das Subjekt**
- **das Prädikat**
- **das Objekt**
- **die adverbiale Bestimmung**
- **das Attribut.**

Nachdem wir die **Aufgaben** aller dieser Satzglieder im Einzelnen erforscht haben, wollen wir uns noch einmal zusammenfassend klarmachen, welche Ausdrucksmöglichkeiten uns unsere Sprache gibt:

- **Das Subjekt** nennt die Person oder Sache, von der die Rede ist.
- **Das Prädikat** macht eine Aussage über die Person oder Sache.
- **Das Objekt** ergänzt die Teile, die manchmal in einem Prädikat fehlen.
- **Die adverbiale Bestimmung** ist meist ein „Luxus-Satzglied"; es lässt uns ein **Verb** (im Prädikat) näher bestimmen.
- **Das Attribut** ist ebenfalls meist ein „Luxus-Satzglied"; es lässt uns ein **Substantiv** (im Subjekt, im Prädikatsnomen, im Objekt, in der adverbialen Bestimmung, im Attribut selbst) näher bestimmen.

Um sich auch die **logischen Beziehungen der einzelnen Satzglieder zueinander** besser merken zu können, folgt zum Abschluss noch einmal ein **zusammenfassender Satzbauplan**, in dem jedes Satzglied mit seinen Unterarten und den passenden Fragewörtern enthalten ist.
Die verbindenden Striche zwischen den Satzgliedern zeigen, welche logischen Beziehungen grundsätzlich möglich sind:

Zusammenfassender Satzbauplan

Erläuterung zum Satzbauplan:

Verbindungslinie 1:
Das **Subjekt** bezieht sich immer auf das Prädikat und das **Prädikat** immer auf das Subjekt.

Verbindungslinie 2:
Das **Objekt** hat immer eine Beziehung zum **Prädikat**.

Verbindungslinie 3:
Die adverbiale Bestimmung bezieht sich immer auf das **Prädikat**.

Verbindungslinien 4–8:
Das **Attribut** kann sich beziehen auf
– **das Subjekt** (Verbindungslinie 4)
– **die adverbiale Bestimmung** (Verbindungslinie 5)
– **das Prädikatsnomen** (Verbindungslinie 6)
– **das Attribut selbst** (Verbindungslinie 7)
– **das Objekt** (Verbindungslinie 8)

Subjekt:
wer oder was?

1

Prädikat
– **normales Prädikat**
– **Prädikatskern und Prädikatsnomen:**
was wird von dem Subjekt ausgesagt?

2

Objekt
– **Akkusativ-Objekt:**
wen oder was?
– **Dativ-Objekt:**
wem?
– **Genitiv-Objekt:**
wessen?
– **Präpositionales Objekt:**
Fragewort mit eingeschlossener Präposition

3

Adverbiale Bestimmung
– **des Ortes:**
wo? woher? wohin?
– **der Zeit:**
wann? wie lange? bis wann? seit wann? wie oft?
– **der Art und Weise:**
wie? auf welche Art und Weise?
– **des Grundes:**
warum? aus welchem Grunde?
– **des Zwecks:**
wozu? zu welchem Zweck?
– **der Bedingung:**
unter welcher Bedingung?
– **des Mittels:**
womit? wodurch?
– **der Folge:**
mit welcher Folge?
– **der Einräumung:**
trotz welcher Voraussetzung?

4   5   6   7   8

Attribut
– **Adjektivisches Attribut**
– **Genitiv-Attribut**
– **Präpositionales Attribut**
– **Apposition:**
was für ein?

Damit wir Sicherheit bekommen im Erkennen von Satzgliedern, wollen wir nun an mehreren kleinen Texten üben, jedes vorkommende Satzglied zu bestimmen und die logischen Zusammenhänge innerhalb der Sätze grafisch darzustellen.

Wir verwenden dabei die gewohnten Abkürzungen, die sich aus den Anfangsbuchstaben der Fachausdrücke ergeben:

Subjekt . . . . **S**
Prädikat . . . . **P**
Prädikatskern . . . . **PK**
Prädikatsnomen . . . . **PN**
Akkusativ-Objekt . . . . **AO**
Dativ-Objekt . . . . **DO**
Genitiv-Objekt . . . . **GO**
Präpositionales Objekt . . . . **pO**
Adv. Bestimmung des Ortes . . . . **aBO**
Adv. Bestimmung der Zeit . . . . **aBZ**
Adv. Bestimmung der Art und Weise . . . . . **aBAW**
Adv. Bestimmung des Grundes . . . . **aBG**
Adv. Bestimmung des Zwecks . . . . **aBZw**
Adv. Bestimmung der Bedingung . . . . **aBB**
Adv. Bestimmung des Mittels . . . . **aBM**
Adv. Bestimmung der Folge . . . . **aBF**
Adv. Bestimmung der Einräumung . . . . . . **aBE**
Adjektivisches Attribut . . . . **aA**
Genitiv-Attribut . . . . **GA**
Präpositionales Attribut . . . . **pA**
Apposition . . . . **Ap**

Schreibe dir diese Abkürzungen auf eine Karteikarte und lege diese bei den folgenden Übungen neben das Buch; dann kannst du zwischendurch einmal „abgucken".

Ein Musterbeispiel zu Beginn zeigt noch einmal genau, wie es gemacht werden soll. Die Schwierigkeit der Satzglied-Bestimmung nimmt von Text zu Text ein wenig zu.

Wichtig: **Pronomen, die ein Substantiv begleiten**, können unberücksichtigt bleiben, z. B. *(dieser) Text, (mein) Buch, (jene) Grafik*; dass **Konjunktionen** selbst gar kein Satzglied sind, sondern nur Satzglieder verbinden (und damit ebenfalls in der Grafik nicht berücksichtigt werden), wissen wir inzwischen schon (vgl. Seite 39, 100).

Beispiel

Musterbeispiel:

Bestimme die Satzglieder und stelle die logischen Zusammenhänge innerhalb der Sätze grafisch dar.

(1) Ein Hund lief einmal durch einen Bach und hielt ein Fleischstück im Maul. (2) Plötzlich sah er den Schatten des Fleisches im Wasser. (3) Er öffnete sein Maul und schnappte zu. (4) Da entfiel ihm das Fleisch, (5) und die Strömung führte es weg. (6) Nun hatte er das Fleisch und den Schatten verloren. (7) Da schämte er sich seiner Dummheit.

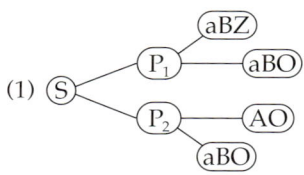

Kontrolle:

– **Wer oder was** lief einmal durch einen Bach und hielt ein Fleischstück im Maul?
 der Hund (**S**)

– **Was wird von dem Hund ausgesagt?**
 lief und hielt (**P₁ und P₂**)

– **Wann** lief ein Hund durch einen Bach und hielt ein Fleischstück im Maul?
 einmal (**aBZ zu P₁**)

– **Wohin** lief einmal ein Hund und hielt ein Fleischstück im Maul?
 durch einen Bach (**aBO**)

– **Wen oder was** hielt er im Maul?
 ein Fleischstück (**AO zu P₂**)

– **Wo** hielt er ein Fleischstück?
 im Maul (**aBO zu P**)

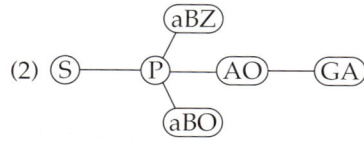

Kontrolle:
– **Wer oder was** sah plötzlich den Schatten des Fleisches im Wasser?
 er (**S**)

- **Was wird von** ihm **ausgesagt?**
  sah **(P)**

- **Wen oder was** sah er plötzlich im Wasser?
  den Schatten **(AO)**

- **Was für einen** Schatten sah er plötzlich im Wasser?
  des Fleisches **(GA)**

- **Wann** sah er den Schatten des Fleisches?
  plötzlich **(aBZ)**

- **Wo** sah er plötzlich den Schatten des Fleisches?
  im Wasser **(aBO)**

(3)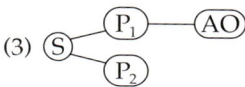

Kontrolle:
- **Wer oder was** öffnete sein Maul und schnappte zu?
  er **(S)**

- **Was wird von ihm ausgesagt?**
  öffnete und schnappte zu **(P₁ und P₂)**

- **Wen oder was** öffnete er?
  sein Maul **(AO)**

(4)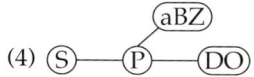

Kontrolle:
- **Wer oder was** entfiel ihm?
  das Fleisch **(S)**

- **Was wird von** dem Fleisch **aus-**
  gesagt?
  entfiel **(P)**

- **Wem** entfiel das Fleisch?
  ihm **(DO)**

- **Wann** entfiel ihm das Fleisch?
  da **(aBZ)**

(5)

Kontrolle:
- **Wer oder was** führte es weg?
  die Strömung **(S)**

- **Was wird von** der Strömung **ausgesagt?**
  führte weg **(P)**

- **Wen oder was** führte die Strömung weg?
  es **(AO)**

(6)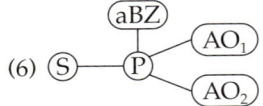

Kontrolle:
- **Wer oder was** hatte das Fleisch und den Schatten verloren?
  er **(S)**

- **Was wird von** ihm **ausgesagt?**
  hatte verloren **(P)**

- **Wen oder was** hatte er nun verloren?
  das Fleisch und den Schatten **(AO₁** und **AO₂)**

- **Wann** hatte er das Fleisch und den Schatten verloren?
  nun **(aBZ)**

(7)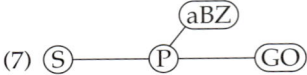

Kontrolle:
- **Wer oder was** schämte sich seiner Dummheit?
  er **(S)**

- **Was wird von** ihm **ausgesagt?**
  schämte (sich) **(P)**

- **Wessen** schämte er sich?
  seiner Dummheit **(GO)**

- **Wann** schämte er sich seiner Dummheit?
  da **(aBZ)**

Bestimme nun nach derselben Arbeitsweise die Satzglieder der folgenden Texte und stelle die logischen Zusammenhänge innerhalb der Sätze grafisch dar. Benutze dafür ein Heft oder einen Block.
Stelle dabei bei jedem einzelnen Satzglied die **Frage** in der Weise, wie sie dir im Übungsbeispiel gezeigt wurde.

(1) Der kluge Joel bekommt eines Tages einen Brief. (2) Er reißt das Kuvert auf und findet darin einen unbeschriebenen Briefbogen. (3) Joel betrachtet den Brief genau. (4) Nach längerem Nachdenken sagt er mit Überzeugung: (5) „Der leere Brief stammt von meinem älteren Bruder. (6) Wir zanken uns gerade."

C26

(1) In der Straßenbahn stehen die Fahrgäste dicht gedrängt. (2) Während der Fahrt steht ein junger Mann versehentlich auf dem Schuh eines älteren Herrn. (3) Trotz des Schmerzes klopft der Herr ihm väterlich auf die Schulter und erkundigt sich nach seinem Alter. (4) Dann meint er vielsagend: (5) „In diesem Alter stand ich auf eigenen Füßen."

C27

(1) Ein Wanderer übernachtete einmal in einem kleinen Gasthof. (2) Zum Erstaunen der Zimmergenossen zog er sich vor dem Schlafengehen Pantoffeln an. (3) Aus Neugier fragten die Anderen nach dem Grund für das ungewöhnliche Verhalten. (4) „Ich ziehe die Schuhe zum Schutz meiner Füße an. (5) Gestern bin ich im Traum in eine Scherbe getreten!"

C28

(1) Ein junger Mann aus Wuppertal hat sich in Köln ein Arbeitszimmer eingerichtet. (2) Zur Krönung des Ganzen kauft er ein Luxustelefon mit Elfenbeinmuschel. (3) Die Sekretärin meldet ihm den ersten Besucher. (4) Aus Geltungsbedürfnis täuscht er beim Eintritt des Besuchers ein bedeutsames Telefongespräch vor: („Mein lieber Generaldirektor, wir verlieren ja nur Zeit miteinander . . . Ja, wenn Sie durchaus wollen . . . Aber nicht unter zwanzigtausend Mark! Also schön – abgemacht . . . Guten Tag!") (5) Mit zufriedenem Gesicht legt er den Hörer auf. (6) Daraufhin erklärt der Besucher ihm befangen: (7) „Ich bin der Monteur von der Post. (8) Ich schließe gleich das Telefon an."
(Anmerkung: Die eingeklammerten Sätze brauchst du nicht zu berücksichtigen.)

C29

(1) In der Seeschlacht von Trafalgar sausten die Kugeln aus blankem Metall durch die Luft. (2) Die Mastbäume krachten gefährlich. (3) Trotz der Gefahr nahm sich ein Matrose Zeit und kratzte sich wegen heftigen Kribbelns am Kopf. (4) Plötzlich entdeckte er zu seiner Verwunderung am Hinterkopf ein winziges Tierchen. (5) Er ergriff es, (6) und es fiel auf den Boden. (7) Er bückte sich zum Zertreten des Tierchens. (8) In diesem Augenblick streifte seinen Rücken eine feindliche Kugel und traf einen Mastbaum. (9) Da erfasste den Matrosen ein Gefühl der Dankbarkeit. (10) Deswegen hob der Matrose, ein seltsamer Mann, das Tierchen schonend vom Boden auf und setzt es zum Erstaunen seiner Umgebung auf den Kopf. (11) „Du hast mir das Leben gerettet!"

Gliedsätze: Wir entfalten Satzglieder zu Gliedsätzen (mit Subjekt und Prädikat)

Wenn uns der Umfang der bisher bekannten **Satzglieder** für das, was wir sagen möchten, nicht ausreicht, so lassen sich fast alle Satzglieder zu **ausführlichen Gliedsätzen entfalten**.

Die Gliedsätze, die – mit Ausnahme einiger Verkürzungsmöglichkeiten – immer Subjekt und Prädikat aufweisen, haben dieselben Aufgaben wie die Satzglieder, welche sie entfalten; auch die bekannten Satzgliedfragen wie z. B. **wer oder was? wo? was für ein?** ändern sich nicht.

Auf diese Weise entstehen

aus **Subjekten:**	**Subjektsätze**
aus **Objekten:**	**Objektsätze**
aus **adv. Bestimmungen:**	**Adverbialsätze**
aus **Attributen:**	**Attributsätze**

Dass ein Gliedsatz ein **unselbständiger Satz** ist, der von einem anderen Satz abhängt, wissen wir bereits (vgl. Seite 87).

1. Subjektsatz

Dem **Subjekt** eines Satzes kann man – außer einigen Attributen – keine weiteren Informationen mehr hinzufügen, z. B.

Beispiele | *Dein Besuch freut mich.*
Dein Besuch im Krankenhaus freut mich.
Dein netter Besuch freut mich.

Dies ändert sich, wenn ich das Subjekt zu einem **Subjektsatz** entfalte, z. B.

Beispiel | *Dass du mich besuchst , freut mich.*

Da dieser Subjektsatz ein „richtiger" **Satz** mit Subjekt und Prädikat ist, kann

ich ihn noch durch mancherlei Satzglieder erweitern, so dass er viel inhalts-
reicher wird, z. B.

Dass du mich, deinen Freund, trotz deiner weiten Anfahrt heute im Krankenhaus am
Stadtrand mit einem so hübschen Geschenk besuchst, freut mich.

Das zum Subjektsatz entfaltete Subjekt bietet also die Möglichkeit, sich ausführlicher ausdrücken zu können. Nach einem Subjektsatz fragt man genauso wie nach einem Subjekt, nämlich: wer oder was?, z. B.

Wer oder was freut mich?   *Dein Besuch freut mich.*
Wer oder was freut mich?   *Dass du mich, deinen Freund, trotz deiner weiten*
                           Anfahrt heute im Krankenhaus am Stadtrand mit
                           einem so hübschen Geschenk besuchst, freut mich.

Jeder **Subjektsatz** ist also ein **Gliedsatz**, nach dem man **wer oder was?** fragt.
Jeder **Gliedsatz**, nach dem man **wer oder was?** fragt, ist also ein **Subjektsatz.**

2. Objektsatz

Was du in dem vorigen Kapitel gelernt hast, gilt sinngemäß für alle anderen
Satzglied-Entfaltungen:

Gliedsätze, nach denen man **wen oder was?** fragt, sind demnach **Objekt-**
sätze (im Akkusativ), z. B.

Der Rettungsdienst erfährt, dass jemand in Not ist.
Wen oder was erfährt der Rettungsdienst?
Der Rettungsdienst erfährt, dass jemand in Not ist.

Gliedsätze, nach denen man **wem?** fragt, sind dann **Objektsätze** (im Dativ),
z. B.

Wem ein Unglück zugestoßen ist, versagt er seine Hilfe nicht.
Wem versagt er seine Hilfe nicht?
Wem ein Unglück zugestoßen ist, versagt er seine Hilfe nicht.

Gliedsätze, nach denen man **wessen?** fragt, sind dann **Objektsätze** (im Genitiv), z. B.

Er vergewissert sich, dass alle Rettungsgeräte in Ordnung sind.
Wessen vergewissert er sich?
Er vergewissert sich, dass alle Rettungsgeräte in Ordnung sind.

Gliedsätze, nach denen man mit einem **Fragepronomen mit eingeschlossener Präposition** fragt, sind dann **Objektsätze**, die ein präpositionales Objekt entfalten, z. B.

<table>
<tr><td>*Beispiel*</td><td>*Der Verletzte wundert sich, dass so schnell Hilfe kommt.*
<u>Worüber</u> wundert sich der Verletzte?
Der Verletzte wundert sich, dass so schnell Hilfe kommt.</td></tr>
</table>

3. Adverbialsatz

Gliedsätze, nach denen man genauso fragt wie nach einer **adverbialen Bestimmung**, sind **Adverbialsätze**, z. B.

<table>
<tr><td>*Beispiel*</td><td>*Während der Kranführer die Steine in die vierte Etage hebt, bedient ein Bauarbeiter die Betonmischmaschine.*
Wann bedient ein Bauarbeiter die Betonmischmaschine?
Während der Kranführer die Steine in die vierte Etage hebt, bedient ein Bauarbeiter die Betonmischmaschine.</td></tr>
</table>

Dieser Beispielsatz ist also ein **Adverbialsatz der Zeit/Temporalsatz**.

Weitere Beispiele wären:

<table>
<tr><td>*Beispiel*</td><td>*Weil es windig ist, muss der Kranführer sehr aufpassen.*
Warum muss der Kranführer sehr aufpassen?
Weil es windig ist, muss der Kranführer sehr aufpassen.</td></tr>
</table>

Dieser Beispielsatz ist also ein **Adverbialsatz des Grundes/Kausalsatz**.

<table>
<tr><td>*Beispiel*</td><td>*Obwohl die Arbeit recht schwierig ist, lässt er sich nicht aus der Ruhe bringen.*
Trotz welcher Voraussetzung lässt er sich nicht aus der Ruhe bringen?
Obwohl die Arbeit recht schwierig ist, lässt er sich nicht aus der Ruhe bringen.</td></tr>
</table>

Dieser Beispielsatz ist also ein **Adverbialsatz der Einräumung/Konzessivsatz**.

Wie man an den Beispielsätzen ablesen kann, werden alle Adverbialsätze **mit einer unterordnenden Konjunktion** eingeleitet (vgl. Seite 39), z. B.

<table>
<tr><td>*Beispiele*</td><td>*nachdem, als*</td><td>–</td><td>für Adverbialsätze der Zeit</td></tr>
<tr><td></td><td>*indem*</td><td>–</td><td>für Adverbialsätze der Art und Weise</td></tr>
<tr><td></td><td>*damit*</td><td>–</td><td>für Adverbialsätze des Zwecks</td></tr>
<tr><td></td><td>*so dass*</td><td>–</td><td>für Adverbialsätze der Folge</td></tr>
<tr><td></td><td>*falls*</td><td>–</td><td>für Adverbialsätze der Bedingung</td></tr>
<tr><td></td><td>*obwohl*</td><td>–</td><td>für Adverbialsätze der Einräumung.</td></tr>
</table>

4. Attributsatz

Nach dem inzwischen schon bewährten Verfahren können wir nun auch Attribute zu **Attributsätzen** entfalten:

Der Stern, der immer genau im Norden steht, ist der Polarstern.
Was für ein Stern ist der Polarstern?
Der Stern, der immer genau im Norden steht, ist der Polarstern.

In Zeiten, in denen es noch keinen Kompass gab, haben sich die Menschen an den Sternen orientiert.
In was für Zeiten haben sich die Menschen an den Sternen orientiert?
In Zeiten, in denen es noch keinen Kompass gab, haben sich die Menschen an den Sternen orientiert.

Beispiele

An den Beispielsätzen lässt sich erkennen, dass alle Attributsätze **mit einem Relativpronomen eingeleitet** werden (vgl. Seite 26). Sie werden daher auch manchmal **Relativsätze** genannt.
Sicherlich ist dir aufgefallen, dass die Gliedsätze eine bestimmte Zeichensetzung verlangen, nämlich:

> **Gliedsätze werden in Kommas eingeschlossen.**

Für den Fall, dass der Gliedsatz in den **Hauptsatz** eingefügt ist, bedeutet dies, dass er zwei Kommas bekommt, z. B.

Der Stern, der immer im Norden steht, ist der Polarstern.

Beispiel

Im anderen Fall erhält er nur ein einziges Komma, z. B.

Der Verletzte wundert sich, dass so schnell Hilfe kommt.
Weil es etwas windig ist, muss der Kranführer sehr aufpassen.

Beispiele

Werden einmal **mehrere Gliedsätze aufgezählt**, gilt hierfür die **Zeichensetzungsregel 1**, S. 86; denn Gliedsätze sind ja nichts anderes als entfaltete Satzglieder, z. B.

Das Bild, das er gestern gemalt hat, das er mir heute geschenkt hat und das morgen in meinem Zimmer hängen wird, gefällt mir gut.

Beispiel

In diesem Beispielsatz steht das erste Komma wegen der Trennung vom Hauptsatz, das zweite Komma wegen der Aufzählung gleichartiger Satzglieder (vgl. Seite 86); hinter den Wörtern *geschenkt hat* steht kein Komma, da an dieser Stelle bereits eine nebenordnende Konjunktion steht; das letzte Komma steht wieder wegen der Trennung vom Hauptsatz.

5. Zusammenfassung: Satzbauplan (mit Gliedsätzen)

Zum Abschluss können wir nun die Gliedsätze in unseren **zusammenfassenden Satzbauplan** einfügen, und es entsteht die ergänzte Übersicht:

Zusammenfassender Satzbauplan

Subjekt
Subjektsatz:
wer oder was?

Prädikat
– **normales Prädikat**
– **Prädikatskern und Prädikatsnomen:**
  was wird von dem Subjekt ausgesagt?

Objekt
Objektsatz

– **Akkusativ-Objekt:**
  wen oder was?
– **Dativ-Objekt:**
  wem?
– **Genitiv-Objekt:**
  wessen?
– **Präpositionales Objekt:**
  Fragewort mit eingeschlossener Präposition

Adverbiale Bestimmung
Adverbialsatz

– **des Ortes:** wo? woher? wohin?
– **der Zeit:** wann? wie lange? bis wann? seit wann? wie oft?
– **der Art und Weise:** wie? auf welche Art und Weise?
– **des Grundes:** warum? aus welchem Grund?
– **des Zwecks:** wozu? zu welchem Zweck?
– **der Bedingung:** unter welcher Bedingung?
– **des Mittels:** womit? wodurch?
– **der Folge:** mit welcher Folge?
– **der Einräumung:** trotz welcher Voraussetzung?

Attribut
Attributsatz

– **Adjektivisches Attribut**
– **Genitiv-Attribut**
– **Präpositionales Attribut**
– **Apposition:** was für ein?

Unterstreiche im folgenden Text die **Hauptsätze** mit einem geraden Strich, die **Gliedsätze** mit einer Wellenlinie und schreibe über jeden Gliedsatz dessen Namen (z. B. Subjektsatz, Adverbialsatz des Ortes) und das passende **Fragewort** (z. B. **wer oder was? wo?**); setze außerdem die fehlenden Kommas ein.

Beispiel:
Weil wir bis hierher durchgehalten haben, können wir mit uns zufrieden sein.
(Adverbialsatz des Grundes)

Beispiel

Zur Erinnerung:
Hauptsätze hängen von keinem Satz ab; **Gliedsätze** hängen von einem anderen Satz ab. Nach Gliedsätzen fragt man wie nach den bekannten Satzgliedern.

(1) Die Zeichensetzung ist gar nicht so schwer wenn man die Grundzüge der deutschen Grammatik verstanden hat.

(2) Da Gliedsätze entfaltete Satzglieder sind kann man sie mit den bekannten Satzglied-Fragen gut erkennen.

(3) Sätze in denen die Satzzeichen fehlen sehen ungewöhnlich aus.

*(4) Nachdem man die fehlenden Satzzeichen eingesetzt hat sehen sie „richtig"
aus.*

(5) Wer bei dieser Übung keine Schwierigkeiten hat sollte das Buch sofort zuklappen.

(6) Bald haben wir genug gelernt und wir verdienen den Titel GRAMMATIK-PROFI.

Jetzt kannst du noch sicherer werden im Bestimmen von Gliedsätzen und bei der Zeichensetzung.

(1) Lerne dich freuen denn Freuen ist eine ernste Sache. (Seneca)

(2) Enthaltsamkeit ist ein Vergnügen an Dingen welche wir nicht kriegen.
(Wilhelm Busch)

(3) Um an die Quelle zu kommen muss man gegen den Strom schwimmen. (Lec)

(4) Dir ist nichts unmöglich wenn du nur willst. (Goethe)

(5) Schwachheiten schaden nicht mehr sobald wir sie kennen. (Lichtenberg)

(6) Wer sich heute freuen kann soll nicht warten bis morgen. (Pestalozzi)

Der nächste Satz ist ein Satz zum Knobeln:

(7) Es gibt Leute die nur aus dem Grund in jeder Suppe ein Haar finden weil sie wenn sie davor sitzen so lange den Kopf schütteln bis eines hineinfällt. (Hebbel)

Übung
D3

Zum Abschluss dieses Buches kannst du hier beweisen, dass du ganz sicher bist bei der Zeichensetzung und beim Bestimmen der Satzteile und Gliedsätze.

Originaltext

¹ *Weil der Text verändert wurde, steht er hier in der neuen Rechtschreibung.*

Der verlegene Magistrat (nach Heinrich von Kleist)[1]

Ein Stadtsoldat hatte kürzlich die Stadtwache verlassen obwohl er dazu nicht die Erlaubnis seines Offiziers hatte. Nach einem uralten Gesetz steht auf ein solches Verbrechen das aus politischen Gründen offiziell schwer geahndet werden muss eigentlich die Todesstrafe. Da jedoch insgeheim jedes Magistratsmitglied dieses Strafmaß als zu hoch empfand ist davon seit vielen hundert Jahren kein Gebrauch gemacht worden. Wer wegen dieses Verbrechens verurteilt worden war wurde zu einer Geldzahlung aufgefordert so dass er jedenfalls einen Denkzettel bekam. Der besagte Kerl aber erklärte dass er dem Gesetz gemäß sterben wolle weil es ihm nun einmal zukomme. Der Magistrat machte ihm klar dass die Geldstrafe für ihn vorteilhafter als die Todesstrafe sei. Doch der Kerl sagte dass er seines Lebens müde sei und dass er sterben wolle. So blieb dem Magistrat der kein Blut vergießen wollte nichts anderes übrig: Er erließ dem Schelm die Geldstrafe und war noch froh als dieser ihm mitteilte dass er unter diesen Umständen am Leben bleiben wolle. Wo ein Schelm am Werke ist hat der Rechtschaffene es schwer . . .
Und wenn der Rechtschaffene unter allen Umständen rechtschaffen bleiben will trägt wohl so manches Mal der Schelm den Sieg davon.

Jetzt haben wir noch einen Vorschlag für dich, der das Lernen ein bisschen abwechslungsreicher machen könnte. Probier's doch mal aus!

In deiner Klasse findest du bestimmt jemanden, der Lust zu einem gemeinsamen Übungsspiel hat: Nehmt euch eine Zeitung, tippt bei geschlossenen Augen mit einem Stift auf ein beliebiges Wort. Jeder schreibt dann auf ein Blatt, um welche Wortart es sich handelt. Dann vergleicht ihr die Antworten miteinander und haltet den Gewinner oder die Gewinnerin in einer Strichliste fest.

Das gleiche Spiel könnt ihr auch mit der Bestimmung von Satzgliedern oder Gliedsätzen spielen. Dann bekommt ihr für jedes richtig bestimmte Satzglied oder jeden richtig bestimmten Gliedsatz einen Punkt. Wer die meisten Punkte hat, hat gewonnen. (Manchmal müsst ihr sicherlich ein wenig knobeln . . .)

Weil wir uns mit Ernst bis zur letzten Seite durchgearbeitet haben, wartet nun ein kleiner grammatischer Leckerbissen auf uns:

Welcher Art sind die Wortarten, Satzglieder und Gliedsätze in

Fisches Nachtgesang von *Christian Morgenstern?*

„Nachbereitung" -

Was soll

das denn

sein?

In der Schule wird ganz schön viel verlangt – und dazu kommt noch die Arbeit für zu Hause. Da ist es wichtig, Ordnung in seinen Gedanken und am Arbeitsplatz zu schaffen, gut zu planen und so zu arbeiten, dass möglichst viel dabei herauskommt. Schwierig? Abwarten – hier kommen eine Menge Tipps und Tricks*, wie du es dir leichter machen kannst.*

Was eine Vorbereitung ist, weiß jeder.
Aber was ist denn eine Nachbereitung?

Kurz gesagt: Bevor du mit den Hausaufgaben
loslegst, überlegst du dir, was du an diesem
Tag im Unterricht gelernt und
ob du alles begriffen hast.

Der Vorteil: Du machst deine Hausaufgaben mit Verstand und Verständnis und hast (kurz- oder langfristig) einen viel höheren Lerngewinn (sprich: bessere Noten).

Manchmal betreibst du diese Nachbereitung sowieso, aber eher zufällig:
Wenn du nämlich bei den Aufgaben hängen bleibst und nicht weiter weißt. Da merkst du dann, dass es gar keinen Sinn hat, zum Beispiel bei Grammatik-Übungen drauflos zu schreiben, wenn du eigentlich gar nicht weißt, wie die Übung gemeint ist. Wenn du dich gut nachbereitet hast, geht dir die Arbeit leichter und besser von der Hand. Und es bleibt dir erspart, Löcher in die Luft zu starren, Bleistifte abzukauen und trotzdem nicht weiterzukommen!

Stelle dir bei der Nachbereitung folgende Fragen:

- Was haben wir heute Morgen Neues gelernt? Verstehe ich alles?

- Was haben wir heute Morgen geübt? Verstehe ich alles?

- Welche Fehler habe ich in der letzten Hausaufgabe gemacht? Was habe ich da nicht verstanden?
  Suche eventuell im Heft, wo der unklare Stoff steht, und lies noch einmal nach.

- Könnte ich den Stoff jemand anderem erklären? Tue es in Gedanken oder – bei einem wichtigen und schwierigen Stoff – auf einen Kassettenrekorder, denn dann merkst du, wo du stecken bleibst oder herumstotterst; diese Sachen hast du dann offensichtlich noch nicht verstanden. Denn wenn du anderen etwas erklären kannst, hast du den Stoff wirklich begriffen!

Mit der ersten und der letzten Frage bereitest du dich nicht nur auf die schriftlichen Aufgaben vor, sondern auch auf das Abfragen in der nächsten Stunde. Du verlierst also gar keine Zeit. Außerdem sparst du langfristig Zeit, nämlich im Hinblick auf die nächste Klassenarbeit. Spätestens dort musst du ja den Stoff sicher beherrschen. Die Vorbereitung direkt vor der Klassenarbeit wird wesentlich leichter laufen, weniger Zeit brauchen und erfolgreicher sein, wenn du den Stoff schon vorher wirklich kapiert hast.

Du hast dich nun gut nachbereitet und willst loslegen — langsam!
Erst mal noch eine Frage:

Was können

Hausaufgaben-

macher

von

Langstrecken-

läufern

lernen

Stelle dir einmal einen Langstreckenläufer vor, der zwei, drei oder noch mehr Kilometer Lauf vor sich hat. Wie fängt der an? Sicher nicht, indem er sofort mit voller Kraft losspurtet, bloß damit er schon möglichst viel der Strecke am Anfang hinter sich bekommt. Er teilt seine Kräfte ein, legt deshalb langsam los und steigert sein Tempo erst allmählich. Jeder Sportler benötigt eine solche Aufwärmzeit.

Für den Hausaufgabenmacher und Lerner gilt das ebenso. Sein Gehirn muss am Nachmittag wieder langsam in Schwung kommen.

Das merkst du ja schon daran, dass die Lust, mit der Arbeit zu beginnen, oft recht gering ist.

Man sitzt da, weiß zwar, dass einem nichts anderes übrig bleibt als die Hausaufgaben zu machen, trödelt aber trotzdem vor sich hin, spielt mit dem Radiergummi, räumt auf (was man sonst nie täte) ... Diese Unlust am Anfang ist ganz natürlich.

Warmlaufen ist angesagt

Womit also anfangen? Viele denken: das Schlimmste zuerst und fangen mit der schwierigsten Hausaufgabe im unbeliebtesten Fach an. Das macht die Lust nicht größer! Also ist die Gefahr groß, dass man die Sache noch weiter vor sich herschiebt.

Außerdem ist das Gehirn noch gar nicht bereit, diese schwierige Aufgabe zu lösen – man braucht automatisch länger.

Das verringert wieder die Lust am Arbeiten und ein Teufelskreis beginnt.

Tipp 1:

● Fange also mit einer Hausaufgabe an, die nicht zu schwierig ist und die du zugleich gerne machst.

Wenn du zum Beispiel Erdkunde am liebsten hast, solltest du damit anfangen, auch wenn es sich „nur" um ein Nebenfach handelt (was ja eigentlich gar nicht stimmt!).

So überforderst du dich nicht schon am Anfang, förderst sogar deine Lust auf die weiteren Arbeiten und kannst dich danach umso besser mit den schwierigeren Aufgaben beschäftigen.

Tipp 2:

● Du solltest die nachmittägliche Arbeitszeit mit einem Fach enden lassen, das dir Spaß macht und nicht zu schwer ist. Dann gehst du nämlich gut gelaunt von der Arbeit weg.

Hörst du hingegen mit einer Arbeit auf, die dich furchtbar anödet, dann speichert dein „innerer Computer" die Erfahrung: Hausaufgaben sind ekelhaft.

Klar – wahrscheinlich machen dir einige andere Dinge mehr Spaß als Hausaufgaben. Aber wenn du die gut hinkriegst, kann das doch auch toll sein! Und du fängst sicher beim nächsten Mal lieber mit den Hausaufgaben an, wenn du dich an die letzte gerne erinnerst.

Nun hast du also gut geplant angefangen mit deinen Hausaufgaben und es läuft. Toll!
Aber denk bitte auch daran:

Pausen

braucht

der Mensch!

Eigentlich sonnenklar! Komischerweise lernen viele Schüler aber lieber pausen-los, also ohne Pausen, und zwar weil sie die ungeliebte Hausaufgabe möglichst rasch hinter sich haben wollen. Erwachsene halten häufig auch nicht viel von Pausen. Man hat sogar ein schlechtes Gewissen, wenn man Pause macht. Das kennst du wahrscheinlich – oder etwa nicht?!

Mach mal Pause!

Das schlechte Gewissen ist unnötig! Wenn man lange arbeitet, müssen Pausen sein. Der Mensch und sein Gehirn sind ja keine Maschine – sie brauchen immer wieder kleine Ruhezeiten.

Wenn man sich die Pausen nicht bewusst gönnt und sie genießt, nimmt sich der Körper die Auszeiten selber: in Form von geringerer Konzentration und Träumerei.

Auch Pausen muss man planen!

Pausen haben noch einen Vorteil: Wenn ich zu Beginn meiner Arbeit weiß, dass ich nicht „ewig" arbeiten muss, sondern schon in etwa einer halben Stunde die erste Pause stattfindet, kommt mir die Arbeit gleich gar nicht mehr so schlimm vor und wird mir leichter von der Hand gehen.

Du wirst bei dieser Methode eingeplanter Pausen auch feststellen, dass die häufig auftretenden, kurzen (etwa 30 Sekunden dauernden) geistigen „Aussetzer" geringer werden. Sie sind übrigens etwas ganz Normales: Der Körper schaltet eben kurz einmal auf Entspannung um, um Kräfte zu sammeln.

Wer bislang pausen-los gelernt hat, weil er eine Pause nicht genießen konnte, sollte sich langsam umziehen und mit nur einer geplanten Pause während der Arbeitszeit beginnen.

Kurze oder lange Pausen?

Für die richtige Zahl und Dauer der Pausen gibt es ein paar Faustregeln. Die angegebenen Pausenzeiten solltest du weder sonderlich verkürzen noch verlängern. Machst du nämlich zu kurze Pausen, kannst du dich nicht erholen. Bei zu langen Pausen besteht die Gefahr, nicht mehr in die Arbeitsstimmung zurückzufinden.

- **Alle 30-45 Minuten:**
  5 Minuten Pause
- **Alle 90-120 Minuten:**
  20 Minuten Pause
- **Bei noch längeren Arbeitszeiten:**
  nach spätestens 3 Stunden
  1 Stunde Pause

In den Pausen solltest du es dir gut gehen lassen. Unternimm aber nichts, wofür du dich geistig anstrengen oder besonders konzentrieren musst (z. B. Lesen, „Computern", Fernsehen). Besser ist es, etwas zu **tun**, Musik zu hören, den Hund Gassi zu führen, mit jemandem ein kleines Schwätzchen zu halten oder ... oder ... oder ...

Wie wirksam Pausen sind, ist übrigens in wissenschaftlichen Untersuchungen nachgewiesen worden. Mit Pausen gab's nur halb so viele Fehler!

Quellenverzeichnis

Seite	Fundstelle
7	„In dieser Minute" von Eva Rechlin © bei Autorin.
46	„Die Ameisen" von Joachim Ringelnatz, Karl Henssel-Verlag.
66	„Salomonisches Urteil" von Sigismund von Radecki aus „ABC des Lachens", Rowohlt-Verlag.
75	„Der Werwolf" von Christian Morgenstern, aus „Galgenlieder", dtv, 1965.
88	„Die Schnecke" nach Paul Keller aus „Ein Päckchen Humor", Bergstadt-Verlag.
93	Enzensberger, Hans Magnus, „Das Lied vom Jockel" aus der Sammlung „Allerleirauh", Suhrkamp-Verlag.
94	„Lieber Brieffreund" nach Charles M. Schulz, United Feature Syndicate Inc./ 1969. Deutsche Übersetzung von Ellen Jacobsen in „Gruß und Kuß Dein Julius", Ellermann-Verlag.
100	Aus e. o. plauen, „Vater und Sohn", Gesamtausgabe © Südverlag GmbH Konstanz 1982 (ren.). Mit Genehmigung der Gesellschaft für Verlagswerte GmbH, Kreuzlingen/Schweiz.
139	„Fisches Nachtgesang" von Christian Morgenstern, aus „Galgenlieder", dtv, 1965.

In einigen Fällen ist es uns trotz intensiver Bemühungen nicht gelungen, die Rechteinhaber zu ermitteln. Für entsprechende Hinweise sind wir dankbar.

Fett gedruckte Wörter bedeuten: Du findest zum Stichwort ein ganzes Kapitel oder Teilkapitel.
f. bedeutet: Du findest das Stichwort auf der angegebenen und der *folgenden Seite*.
ff. bedeutet: Du findest das Stichwort auch auf *mehreren folgenden Seiten*.

N

O

P

R

S

MENTOR LERN- HILFE

Band 507

Deutsch

5./6. Klasse

Bausteine und Spielregeln

unserer Sprache

Grammatik

Lösungsteil

(an der Perforation abtrennen)

Antje Kelle

Mentor Verlag München

Die **Kuckuckseier** lauten:
(1) *verschieden*
(2) *Geräusch*
(3) *herrlich*
Es handelt sich bei ihnen nicht um Verben.

Übung A 1
S. 9

Folgende Wörter sind **Kuckuckseier**:
(1) *knarren*   (Vorgang, keine Handlung!)
(2) *nehmen*   (Handlung, kein Vorgang!)
(3) *gehen*   (Handlung, kein Zustand!)

Übung A 2
S. 10

A

Die gesuchten Wörter heißen: *dürfen – wollen – mögen – sollen – können – müssen*; man nennt sie **Modalverben**. Sie geben einem Geschehen eine gewisse Schattierung, z. B. *Er **darf** aufstehen. Er **will** aufstehen. Er **mag** nicht aufstehen. Sie **soll** aufstehen. Sie **kann** aufstehen. Sie **muss** aufstehen.*

Übung A 3
S. 10

Die folgende alphabetische Übersicht stellt eine Auswahl von 100 Wörtern dar, die man an Stelle des Verbs *sprechen* benutzen kann: Einige aus diesem Wortfeld hast du bestimmt auch gefunden:
angeben – anordnen – antworten – argumentieren – äußern – babbeln – befehlen – begründen – bekannt geben – bekennen – bemerken – berichten – beschreiben – bitten – brüllen – brummen – danken – darlegen – debattieren – diktieren – diskutieren – einräumen – einwenden – entgegnen – entschuldigen – erklären – erläutern – ermahnen – erwähnen – erwidern – erzählen – faseln – flehen – flüstern – fordern – formulieren – fragen – heucheln – heulen – jammern – jauchzen – jubeln – keifen – klagen – kreischen – lallen – lamentieren – leiern – leugnen – loben – lügen – maulen – meckern – meinen – mitteilen – munkeln – murren – nennen – nörgeln – nuscheln – petzen – plappern – plaudern – prahlen – preisen – quasseln – quatschen – raten – raunen – reden – rufen – rügen – sagen – säuseln – schelten – schimpfen – schnauzen – schreien – schwatzen – sticheln – stören – stottern – streiten – tratschen – tuscheln – überreden – unterhalten – verneinen – verteidigen – vortragen – warnen – widersprechen – wimmern – wispern – zetern – zischeln – zitieren – zugestehen – zweifeln

Übung A 4
S. 10

Die Substantive *Wecker, Kugel, Teller* sind **Konkreta**; man kann die mit ihnen bezeichneten Dinge mit den Sinnen wahrnehmen.
Die Substantive *Glück, Übung, Kraft* sind **Abstrakta**; man kann die mit ihnen bezeichneten Gedankendinge nicht mit den Sinnen wahrnehmen.

Übung A 5
S. 14

Der **Eigenname** für die Hauptstadt von England lautet: *London*.
Der Entdecker Amerikas heißt: *Kolumbus*.

Übung A 6
S. 14

Der gesuchte **Artname** ist: *Elefant*.

Übung A 7
S. 15

Der gesuchte **Gattungsname** lautet: *Raubtier*.
(Auch diese Antworten wären richtig: *Tier, Säugetier*.)

Übung A 8
S. 15

Übung A 9
S. 15
Die ausgeführte **Substantiv-Pyramide** sieht so aus:

Übung A 10
S. 15
Durch die **Vorsilbe** *Ge-* lassen sich einige Substantive zu **Sammelnamen** umformen, z. B.

Busch — **Ge***büsch* (= *viele Büsche*)
Wolke — **Ge***wölk* (= *viele Wolken*)
Stein — **Ge***stein* (= *viele Steine*)

Weitere Beispiele wären:

Hof — **Ge***höft* (= *viele Höfe*)
Balken — **Ge***bälk* (= *viele Balken*)
Stern — **Ge***stirn* (= *viele Sterne*)

Übung A 11
S. 16
Die **Komposita**-Ketten lauten:

Scherzfrage – Fragezeichen – Zeichenblock – Blockhaus – Haustür – Türgriff.
Bratkartoffel – Kartoffelacker – Ackerland – Landkarte – Kartenspiel – Spielplatz – Platzverweis.
Sommerferien – Ferienreise – Reisekoffer – Kofferradio – Radiomusik – Musikwettbewerb – Wettbewerbsteilnehmer – Teilnehmerzahl.

Übung A 12
S. 16
Die **Anfangsbuchstaben** der falsch geschriebenen Wörter ergeben das Wort *Substantiv*. Die Liste heißt nämlich richtig:

lesen
Schuh
Unterhaltung
lachen
Brett
leicht
Spatz
Treppe
Adler
laufen
richtig
Natur
Tiger
Igel
zerbrechen
Verlust

A

Die „Teekesselchen" mit ihrem **Artikel** heißen:

Übung A 13
S. 18

maskulinum	femininum	neutrum
der Leiter (Führer)	die Leiter (Sprossentreppe)	–
der Tau (Niederschlag)	–	das Tau (Seil)
der Bauer (Landmann)	–	das Bauer (Käfig)
der Kunde (Käufer)	die Kunde (Nachricht)	–
–	die Steuer (Abgabe)	das Steuer (Lenkvorrichtung)
der Stift (Schreibgerät)	–	das Stift (Kloster)
der See (Binnengewässer)	die See (Meer)	–
der Weise (Gelehrter)	die Weise (Melodie)	–
der Verdienst (Erwerb)	–	das Verdienst (besondere Tat)

Die vollständigen **Sprichwörter** lauten:

Übung A 14
S. 18

1. *Besser **ein** Spatz in der Hand als eine Taube auf dem Dach.*
(Der unbestimmte Artikel hat **männliches Geschlecht**.)

2. *Wer anderen **eine** Grube gräbt, fällt selbst hinein.*
(Der unbestimmte Artikel hat **weibliches Geschlecht**.)

3. *Was **ein** Häkchen werden will, krümmt sich beizeiten.*
(Der unbestimmte Artikel hat **sächliches Geschlecht**.)

Der **unbestimmte Artikel** ist hier besser geeignet als der bestimmte, weil irgendein beliebiger Spatz, irgendeine beliebige Grube und irgendein beliebiges Häkchen gemeint sind.

Folgende **Adjektive** müssten im Brief unterstrichen sein:

Übung A 15
S. 23

richtige – verschiedene – dicke – kleines – geeigneten – breiten – stabile – dichtem – benachbarten – offene – heimlichen – gemütlichen – nächste

Das Kreuz gehört zur dritten Antwort, nämlich:
Im luftleeren Raum fällt ein Geldstück genauso schnell *wie* ein gleich großes Stück Papier.

Übung A 16
S. 23

Beim **Vergleichen gleicher Dinge** verwendet man das Vergleichswort *wie*. Das Adjektiv steht im **Positiv**, z. B. *Mein Freund ist **genauso alt wie** ich.*

Beim **Vergleichen ungleicher Dinge** verwendet man das Vergleichswort *als*. Das Adjektiv steht im **Komparativ**, z. B. *Ein Ferientag ist **schöner als** ein Schultag.*

A

Übung A 17 S. 24	Die Tabelle mit den **abgeleiteten Adjektiven** sieht so aus:

Nachsilbe *-lich*	Nachsilbe *-ig*	Nachsilbe *-bar*
abendlich	*waldig*	*haltbar*
vergnüglich	*sandig*	*essbar*
freundlich	*gebirgig*	*genießbar*

Übung A 18
S. 24

Der Text enthält drei Rechtschreibfehler:
Wegen der **Substantivierung** von Adjektiven muss es heißen:
das Alltägliche, das Fremde, das Neue

Übung A 19
S. 28

Der Abzählvers nennt die **1. Person** *(ich)* und die **2. Person** *(du)*.
Das **stellvertretende Personalpronomen** für *Müllers Kuh* hieße: *sie*.
Das stellvertretende Personalpronomen für *Müllers Esel* hieße: *er*.
Beide Personalpronomen *(sie, er)* betreffen die **3. Person**.

Übung A 20
S. 28

Der veränderte Text lautet mit den **Possessivpronomen**:
*Björn bekommt von **seinem** Internetfreund in England eine Einladung. Er zeigt sie strahlend **seinen** Eltern und fragt: „Darf ich **meinen** Freund in den Ferien besuchen?"*

Übung A 21
S. 28

Das **Demonstrativpronomen** *jener* wäre hier auch geeignet.
Der Kommentar hieße dann: *„**Diesen** möchte ich haben, **jenen** nicht."*

Übung A 22
S. 28

Nach einigem Knobeln entziffern die Verfolger das Aufgabenblatt; es lautet:

*Geht 10 Schritte geradeaus, dort kommt ihr zu einem Baum, **der** Früchte trägt. Bringt eine reife Frucht mit und ein Blatt von der Schlingpflanze, **die** sich um den Stamm windet.*

Die beiden **Relativpronomen** sind die fettgedruckten Wörter *der* und *die*.

Übung A 23
S. 29

Das verborgene **Interrogativpronomen** lautet: *wo*.

Übung A 24
S. 29

Der erfundene Name ist das **Indefinitpronomen** *NIEMAND*.
(Der einäugige Riese Polyphem hatte einige Gefährten des Odysseus verspeist, worauf Odysseus ihn blendete. Als der vor Schmerzen wehklagende Polyphem dann gefragt wurde, wer ihn denn geblendet habe, musste er antworten: „Niemand hat mich geblendet …")

Übung A 25
S. 32

So sehen die Kreise aus, wenn die **unbestimmten Zahlwörter** eingetragen sind:

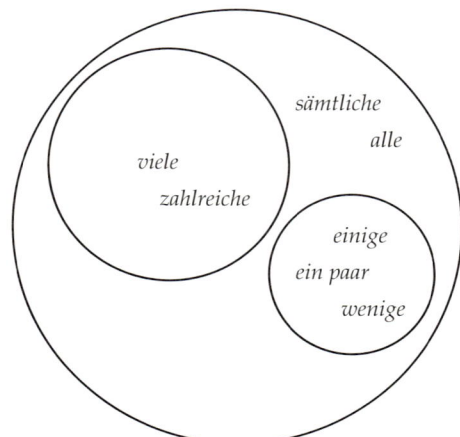

A

Die **Grundzahlen/Kardinalzahlen** von *dreizehn* bis *neunzehn* werden im Deutschen mit der Zahl *zehn* zusammengesetzt.

Übung A 26
S. 32

16 = sechzehn	*70 = siebzig*
17 = siebzehn	*80 = achtzig*
18 = achtzehn	*90 = neunzig*

1872 = eintausendachthundertzweiundsiebzig

Ein Paar ist ein Begriff für die Zahl **2**.
Ein Dutzend ist ein Begriff für die Zahl **12**.

Die **Ordnungszahlen/Ordinalzahlen** von *der erste* bis *der neunzehnte* weisen die **Endung -te** auf.
Die Ordnungszahlen/Ordinalzahlen von *der zwanzigste* bis *der hundertste* weisen die **Endung -ste** auf.

Übung A 27
S. 33

A

Die Ziffern der Ordnungszahlen unterscheiden sich von den Grundzahlen durch einen **Punkt**.

Das Datum von Heiligabend wird als Ziffer geschrieben: *24. Dezember*.

Die korrekte Schreibweise für *Heinrich den Achten* lautet: *Heinrich VIII*.

Das gesuchte **Adverb** lautet *da*, z. B.:
Da *liegt ein Stück Papier.* (Ort)
Da *ging ich los.* (Zeit)

Übung A 28
S. 35

Die Zuordnung der **Adverbien** führt zu folgender Tabelle:

Übung A 29
S. 35

Lokaladverbien	Temporaladverbien	Modaladverbien	Kausaladverbien
dorther	*abends*	*sehr*	*darum*
auswärts	*manchmal*	*genug*	*trotzdem*
mitten	*bald*	*beinahe*	*demnach*

Die vervollständigten Kästchen führen zu folgendem Ergebnis:

Übung A 30
S. 36

	f	r	ü	h		s	p	ä	t	
		n	i	e		i	m	m	e	r
s	e	l	t	e	n	o	f	t		
v	o	r	h	e	r	n	a	c	h	h	e	r
d	a	n	a	c	h	d	a	v	o	r

	h	i	e	r		d	o	r	t	
	o	b	e	n		u	n	t	e	n
	v	o	r	n		h	i	n	t	e	n
	a	u	ß	e	n	i	n	n	e	n
ü	b	e	r	a	l	l	n	i	r	g	e	n	d	s

Übung A 31
S. 38

Die Sätze lauten mit eingesetzten **Präpositionen**:

*Jan wartet **an** der Haltestelle auf den Bus. Da kommt sein Freund **mit** seinem Hund. Sie fahren zusammen **in** die Stadt.*

Übung A 32
S. 38

Die **Präposition** *über* bezeichnet hier das Verhältnis zwischen *Schreibtisch* und *Poster*.
Die **Präposition** *im* bezeichnet hier das Verhältnis zwischen *Regal* und *Büchern*.
Die **Präposition** *neben* bezeichnet hier das Verhältnis zwischen *Disketten* und *Monitor*.

Übung A 33
S. 40

Die **Konjunktion** *oder* verbindet hier **ganze Sätze**.

Die **Konjunktion** *oder* verbindet hier **Wortgruppen**.

Die **Konjunktion** *oder* verbindet hier **einzelne Wörter**.

Übung A 34
S. 41

In Satz 1 und 3 wurden die **unterordnenden Konjunktionen** *obwohl* und *nachdem* gebraucht, in Satz 6 und 8 die **nebenordnenden Konjunktionen** *außerdem* und *doch*.

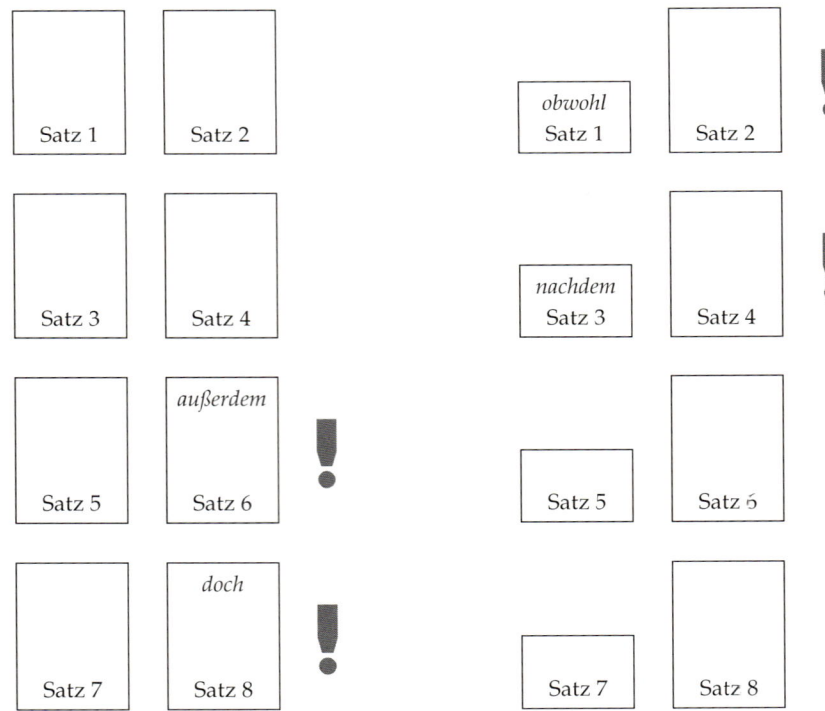

Übung A 35
S. 42

In die Sprechblase passt die **Interjektion** „*o!*" oder „*oh!*"

Der unfreundliche Zuruf wird wohl lauten: „*Ätsch!*"

Der Rabe wird wohl den Laut „*krächz!*" von sich geben.

Der Text der **zusammenfassenden Übung** enthält folgende **Wortarten**:

Übung A 36
S. 46

Text	Wortart
Die	bestimmter Artikel
Ameisen	Substantiv
In	Präposition
Hamburg	Substantiv (Eigenname)
lebten	Verb
zwei	Numerale
Ameisen,	Substantiv
die	Relativpronomen
wollten	Modalverb
nach	Präposition
Australien	Substantiv (Eigenname)
reisen.	Verb
Bei	Präposition
Altona	Substantiv (Eigenname)
auf	Präposition
der	bestimmter Artikel
Chaussee,	Substantiv
da	Adverb
taten	Verb (zusammen mit dem Wortteil *weh*)
ihnen	Personalpronomen
die	bestimmter Artikel
Beine	Substantiv
weh,	Verb (zusammen mit dem Wortteil *taten*)
und	nebenordnende Konjunktion
da	Adverb
verzichteten	Verb
sie	Personalpronomen
weise	Adjektiv (hier als **Adverb** verwendet)
dann	Adverb
auf	Präposition
den	bestimmter Artikel
letzten	Adjektiv (oder auch Numerale)
Teil	Substantiv
der	bestimmter Artikel
Reise.	Substantiv

A

Folgende Wörter (derselben **Wortart**) würden zusammenpassen:

Übung A 37
S. 47

verstecken	–	*suchen*	(Verb)
Wiese	–	*Strauch*	(Substantiv)
der	–	*das*	(Artikel)
hell	–	*bunt*	(Adjektiv)
er	–	*sie*	(Personalpronomen)
vier	–	*zwei*	(Numerale)
sofort	–	*jetzt*	(Adverb)
auf	–	*in*	(Präposition)
aber	–	*und*	(Konjunktion)
oh!	–	*hurra!*	(Interjektion)

Übung B 1
S. 48

Aus den aneinander gereihten Wörtern entsteht durch **Veränderung einiger Wörter** der sinnvolle Satz: *Ach, meine neue Mütze liegt dort in dem Schmutz und bekommt viele Flecken.*

Die Tabelle muss so ausgefüllt sein:

veränderliche Wörter	Wortart
mein/meine	Pronomen
neu/neue	Adjektiv
Mütze	Substantiv
liegen/liegt	Verb
der/dem	Artikel
Schmutz	Substantiv
bekommen/bekommt	Verb
viel/viele	Numerale
Fleck/Flecken	Substantiv

unveränderliche Wörter	Wortart
ach	Interjektion
dort	Adverb
in	Präposition
und	Konjunktion

Übung B 2
S. 49

Beim 1. FC FLEXIBILIA könnten die Spieler *überlegen* und *erfahren* gegenseitig ausgetauscht werden, da sie **zwei verschiedenen Wortarten** angehören können; beide Wörter lassen sich nämlich einsetzen als:
– **Adjektiv**,   z. B. *Er ist ein erfahrener und überlegener Spieler.*
– **Verb**,   z. B. *Er erfährt, dass die Gegenmannschaft sehr stark spielt, und überlegt, auf welche Weise sie dennoch siegen können.*

Bei Tus INFLEXIBILIA könnten ebenfalls zwei Spieler gegenseitig ausgetauscht werden, da auch sie zwei verschiedenen Wortarten angehören können: *abseits* und *außerhalb*; beide Wörter lassen sich nämlich einsetzen als:
– **Präposition**,   z. B. *Der Ball liegt abseits der Linie; der Spieler steht außerhalb des Spielfeldes.*
– **Adverb**,   z. B. *Er steht abseits; der Ball liegt außerhalb.*

Übung B 3
S. 52

Die Baumstämme mit den eingetragenen **Wortstämmen mit Endung** sehen so aus:
schlag-en   spring-en   lauf-en

Übung B 4
S. 52

Alle Verben haben im **Infinitiv** die **Endung -en** oder **-n**, z. B. *lachen, lächeln.*

Übung B 5
S. 53

Die **Personalformen** des Verbs *schlagen* haben folgende **Person** und **Numerus**:

Personalform:	Person:	Numerus:
wir schlagen	1. Person	Plural
er/sie/es schlägt	3. Person	Singular
sie schlagen	3. Person	Plural
du schlägst	2. Person	Singular
ich schlage	1. Person	Singular
ihr schlagt	2. Person	Plural

Die Übersicht über die verschiedenen **Tempora** sieht nach Eintragung der fehlenden Begriffe so aus:

Übung B 6
S. 61

Einteilung der Tempora nach:	**Dauer**	**Vollendung**
Gegenwart	Präsens	Perfekt
Vergangenheit	Imperfekt (Praeteritum)	Plusquamperfekt
Zukunft	Futur I	Futur II

Die verschiedenen Tempora von *sie kommen* und *du lachst* lauten:

Präsens	(Es geschieht jetzt.):	*sie kommen*	*du lachst*
Perfekt	(Es ist jetzt vollendet.):	*sie sind gekommen*	*du hast gelacht*
Imperfekt	(Es geschah einmal.):	*sie kamen*	*du lachtest*
Plusquamperfekt	(Es war bereits früher vollendet.):	*sie waren gekommen*	*du hattest gelacht*
Futur I	(Es wird in Zukunft geschehen.):	*sie werden kommen*	*du wirst lachen*
Futur II	(Es wird in Zukunft vollendet sein.):	*sie werden gekommen sein*	*du wirst gelacht haben*

In dem Gespräch der alten Damen wurden die Verben in folgendem Tempus verwendet:

Übung B 7
S. 62

Verbformen mit passendem Personalpronomen:	**Tempus:**
es gab	Imperfekt
(sie) rollen	Präsens
(er) beeinträchtigt	Präsens
(sie) stören	Präsens
(es) stimmt	Präsens
(sie) verdirbt	Präsens
es wird aussehen	Futur I
ihr sagt	Präsens
(es) klingt	Präsens
ich glaube	Präsens
wir vergessen	Präsens
ihr erinnert euch	Präsens
(sie) brauchten	Imperfekt
wir legen zurück	Präsens
(er) rast	Präsens
er wird ankommen	Futur I

Übung B 8
S. 63

Im Streitgespräch der Jungen wurden die Verben in folgendem Tempus verwendet:

Verbformen mit passendem Personalpronomen:	Tempus:
ich hatte gesagt	Plusquamperfekt
wir schaffen	Präsens
wir verwenden	Präsens
(er) wird fliegen	Futur I
du hattest gesagt	Plusquamperfekt
(es) stimmt	Präsens
(er) wird steigen	Futur I
wir werden sehen	Futur I
du meinst	Präsens
wir warten	Präsens
er steigt	Präsens
wir werden geschuftet haben	Futur II
sie haben verkauft	Perfekt
du hast gesagt	Perfekt

Übung B 9
S. 64

Die aus den einzelnen Silben entstandenen Verben heißen:

fahren   tragen
stemmen   schleppen
holen   halten

Die **starken Verben** lauten:	Die **schwachen Verben** lauten:
fahren	*stemmen*
tragen	*schleppen*
halten	*holen*

Nach dieser Kraftprobe sollst du noch ein kleines Geheimnis unserer Sprache erfahren: warum nämlich die **schwachen Verben** sich ausgerechnet von dem Buchstaben **t** bei der **Bildung ihres Imperfekts** unterstützen lassen.

Dieser Buchstabe **t** ist der letzte Rest, der von dem Wort *tun* übrig geblieben ist, das man in früherer Zeit zur Imperfektbildung zu Hilfe nahm. Man kann sich ein solches früheres Imperfekt am besten vorstellen, wenn man ausprobiert, wie denn heute eine Imperfektform mit Unterstützung durch das Wort *tun* aussehen könnte, z. B.

*Ich **tat** kleben   du **tatst** kleben*

Wenn man nun die konjugierte Form des Wortes *tun* jeweils an das Ende des Verbs hängt, etwa: *ich kleben**tat**   du kleben**tatst***

und dann die Worte recht schnell oder nachlässig spricht, dann ist man bald bei der heutigen Form unseres Imperfekts: Der Vokal **a** (von *tat* und *tatst*) wird in der Eile zu **e** abgeschwächt, die beiden Buchstaben **t** (von *tat* und *tatst*) werden zu einem einzigen **t** zusammengezogen, die Infinitivendung *(kleben)* fällt fort, und die Verbformen heißen: *ich **tat** kleben   →   ich kleben**tat**   →   ich klebte*
*du **tatst** kleben   →   du kleben**tatst**   →   du klebtest*

Auf solche und ähnliche Weise kann sich eine Sprache im Laufe von vielen Jahrhunderten verändern.

Übung B 10
S. 66

Wenn du Adleraugen hast, so ist die **passive Verbform** *wurde … gefällt* unterstrichen; denn ein anderer (der Geistliche) hat das Urteil gefällt.

Übung B 11
S. 67

Die Wegweiser mit der Aufschrift *lächeln* und *schreien* haben bei **transitiven Verben** nichts zu suchen; denn es handelt sich um Verben, die nicht auf ein Ziel gerichtet, also **intransitiv** sind.
Transitiv sind dagegen: *ermuntern, betrachten, lenken, fragen, ansprechen, anschreien.*

Die Mitteilung des Direktors würde nach Umwandlung des **Konjunktivs** in den **Indikativ** lauten:

> *Der Direktor gibt bekannt:*
> *Ab sofort werden die Schulferien verlängert,*
> *schreibt man keine Klassenarbeiten mehr*
> *und gibt es keine Zeugnisse mehr!*
> *35. Oktober 1999*

Die gewünschten **Imperativ**formen von *geben* und *nehmen* lauten im Singular: *gib! nimm!*

Folgende Tempora werden mithilfe des **Partizips Perfekt** gebildet:
   Perfekt
   Plusquamperfekt
   Futur II
Das **Passiv** wird gebildet, indem man das Hilfsverb *werden* (in der gewünschten Tempusform) zum Partizip Perfekt hinzufügt.

Übung B 13
S. 70

B

Zusammenfassende Übersicht über die Ausdrucksmöglichkeiten der Verben:

Übung B 14
S. 70

Ein Verb kann ausdrücken:	Hierfür stehen zur Verfügung:	Sie heißen:
– wer etwas tut	3 Personen	1. Person 2. Person 3. Person
– wie viele etwas tun	2 Numeri	Singular Plural
– wann etwas geschieht	6 Tempora	Präsens Perfekt Imperfekt Plusquamperfekt Futur I Futur II
– ob jemand selbst etwas tut oder ob er es von einem anderen erleidet	2 Handlungsrichtungen (Genera Verbi)	Aktiv Passiv
– ob etwas tatsächlich oder möglicherweise geschieht oder ob es geschehen soll	3 Aussageweisen (Modi)	Indikativ Konjunktiv Imperativ

Die Interrogativpronomen **wer? wessen? wem? wen?** fragen beim **Deklinieren der Substantive** nicht nur nach den **Singularformen**, sondern auch nach dem **Plural**.

Übung B 15
S. 75

Die Substantive *Vater, Mutter, Kind* werden dekliniert:

Übung B 16
S. 76

Vater		Singular	Plural
Nominativ	(wer oder was?)	*der Vater*	*die Väter*
Genitiv	(wessen?)	*des Vaters*	*der Väter*
Dativ	(wem?)	*dem Vater*	*den Vätern*
Akkusativ	(wen oder was?)	*den Vater*	*die Väter*

Mutter		Singular	Plural
Nominativ	(wer oder was?)	*die Mutter*	*die Mütter*
Genitiv	(wessen?)	*der Mutter*	*der Mütter*
Dativ	(wem?)	*der Mutter*	*den Müttern*
Akkusativ	(wen oder was?)	*die Mutter*	*die Mütter*

Kind		Singular	Plural
Nominativ	(wer oder was?)	*das Kind*	*die Kinder*
Genitiv	(wessen?)	*des Kindes*	*der Kinder*
Dativ	(wem?)	*dem Kind*	*den Kindern*
Akkusativ	(wen oder was?)	*das Kind*	*die Kinder*

B

Da der **Genitiv Singular** aller Formen (außer der femininen Form: *Mutter*) die Endung *-(e)s* aufweist und die Endung *-(e)n* ausschließlich im **Dativ Plural** auftritt, werden alle drei Substantive **stark** dekliniert. Bei den Wörtern *Vater* und *Mutter* deutet auch der **Umlaut im Plural** *(Väter, Mütter)* darauf hin, dass es sich um eine starke Deklination handeln muss.

Übung B 17
S. 76

Die berichtigten **Pluralformen der Substantive** müssen lauten:
(die Hand) – *die* **Hände**
(die Flut) – *die* **Fluten**
(der Mast) – *die* **Masten**
(das Nest) – *die* **Nester**

Übung B 18
S. 77

Folgende Wörter haben einen ganz **normalen Plural**:
Apfelsine, Schale, Schlitten
Folgende Wörter gibt es **nur im Singular**:
Hunger, Schlaf, Schnee
Folgende Wörter gibt es **nur im Plural**:
Ferien, Eltern, Leute

Übung B 19
S. 78

Die **Fremdwörter** bilden ihre **Pluralformen** so:
das Thema – *die Themen*
der Rhythmus – *die Rhythmen*
der Atlas – *die Atlanten*
das Album – *die Alben*
das Museum – *die Museen*
das Lexikon – *die Lexika*
das Komma – *die Kommata* (oder eingedeutscht: *die Kommas*)

Übung B 20
S. 80

Die Sätze lauten mit eingesetzten Buchstaben:
„*Leihst du mir heute deine schöne, neue Umhängetasche?*"
„*Ja, aber lass sie nicht in dem vollen Bus liegen!*"

Die Wörter *deine, schöne, neue* und *Umhängetasche* stehen alle in der **Deklinationsform**: Akkusativ Singular, femininum (wen oder was?).
Die Wörter *dem vollen* und *Bus* stehen alle in der **Deklinationsform**: Dativ Singular, maskulinum (wem?).

Übung B 21
S. 81

Die **Präposition** *mit* müsste den *Dativ* **regieren** (mit wem?).
Der korrigierte Text hieße dann: „*Immer mit* **der** *Ruhe!*"

Das **Verb** *anfassen* müsste den *Akkusativ* **regieren** (**wen oder was** anfassen?).
Der korrigierte Text hieße dann: „*Kannst du* **mich** *mal anfassen?*"

Subjekt und Prädikat müssten in dem nachstehenden Text so unterstrichen sein:

Übung C 1
S. 88

Die Schnecke (Hier dürfte nichts unterstrichen sein, da es sich bei dieser Überschrift nicht um einen **Satz** handelt.)
An einem Bahndamm <u>wohnte</u> <u>eine Schnecke.</u>
Alle Tage <u>schimpfte</u> <u>sie</u> über einen vorbeisausenden Schnellzug, denn <u>dieser</u> <u>störte</u> ihre Ruhe.
„Das <u>treibe</u> <u>ich</u> ihm <u>aus</u>!", (Die Wortteile *treibe* und *aus* gehören zu dem **einen Verb** *austreiben*.) *<u>murmelte</u> <u>die Schnecke</u>.*
Am nächsten Tag <u>hockte</u> <u>sie</u> zwischen den Gleisen.
Bald <u>hörte</u> <u>sie</u> den Zug.
Drohend <u>zeigte</u> <u>sie</u> ihre Fühler und <u>rief</u> grimmig: (Dieses Prädikat besteht aus **zwei Verben**.) *„<u>Niederstoßen werde</u> <u>ich</u> ihn!"*
<u>Der Zug</u> <u>kam heran und brauste</u> über die Schnecke <u>hinweg</u>. (Auch dieses Prädikat besteht aus **zwei Verben**; außerdem könnte man das Wort *heran* mit dem Verb *kommen* als ein einziges Wort betrachten: *herankommen*; dasselbe gilt für die Wörter *brausen* und *hinweg*: *hinwegbrausen*.)
<u>Die Schnecke</u> <u>sah</u> den Davoneilenden.
„Der Schnellzug <u>reißt aus</u>" (Die Wortteile *reißt* und *aus* gehören zu einem einzigen Verb: *ausreißen*.)*, <u>brummte</u> <u>sie</u> mit Verachtung, „<u>er</u> <u>ist ein Feigling</u>."*

(1)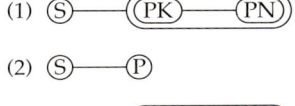

(2) Ⓢ——Ⓟ

(3) Ⓢ——⦅PK——PN⦆

(4) Ⓢ——Ⓟ

Übung C 2
S. 88

Dies ist die ausgefüllte Tabelle; sie zeigt, welche **Wortarten** jeweils für **Subjekt** und **Prädikat** verwendet werden:

Übung C 3
S. 89

Wortart		Text	Satzglied
bestimmter Artikel	(1)	*Die*	Subjekt
Substantiv		*Schnecke*	Subjekt
Hilfsverb		*ist*	Prädikatskern
Adjektiv		*selbstbewusst.*	Prädikatsnomen
bestimmter Artikel	(2)	*Der*	Subjekt
Substantiv		*Zug*	Subjekt
Vollverb		*kommt.*	Prädikat
Personalpronomen	(3)	*Er*	Subjekt
Hilfsverb		*ist*	Prädikatskern
unbestimmter Artikel		*ein*	Prädikatsnomen
Substantiv		*Feigling.*	Prädikatsnomen
bestimmter Artikel	(4)	*Der*	Subjekt
Substantiv		*Zug*	Subjekt
Hilfsverb		*ist*	Prädikat
Verb		*vorübergefahren.*	Prädikat

(1) Das **Adjektiv** hat **als Prädikatsnomen keine Endung**!
- ☐ es hat eine Endung
- ☒ es hat keine Endung

(2) Das **Substantiv** steht als **Prädikatsnomen im Nominativ**!
- ☒ im Nominativ
- ☐ im Genitiv
- ☐ im Dativ
- ☐ im Akkusativ

(3) Das **Prädikat** steht im 4. Satz im **Perfekt**, zu dessen Bildung das Hilfsverb *sein* zu Hilfe genommen wird.
- ☐ im Präsens
- ☒ im Perfekt
- ☐ im Imperfekt
- ☐ im Plusquamperfekt
- ☐ im Futur I
- ☐ im Futur II

C

Die **Prädikate** der Sätze werden grafisch so dargestellt:

Die Wanderer sind müde.   (S)———(PK)———(PN)

Müde ist ein Adjektiv.

Sie sind stehen geblieben.   (S)———(P)

Das Verb *stehen bleiben* steht hier im Perfekt.

Die Sonne ist fortgegangen.   (S)———(P)

Das Verb *fortgehen* steht hier im Perfekt.

Das Wetter ist kühl.   (S)———(PK)———(PN)

Kühl ist ein Adjektiv.

Das Ziel war ein Gasthof.   (S)———(PK)———(PN)

Gasthof ist ein Substantiv.

Ein Wanderer ist vorausgeeilt.   (S)———(P)

Das Verb *vorauseilen* steht hier im Perfekt.

Die anderen waren nachgekommen.   (S)———(P)

Das Verb *nachkommen* steht hier im Plusquamperfekt.

Der Gasthof war gemütlich.   (S)———(PK)———(PN)

Gemütlich ist ein Adjektiv.

Im Folgenden müssten die angegebenen **Kommas** stehen:

Übung C 6
S. 91

Satz 1: In diesem Satz werden zwei Prädikatsnomen – *ängstlich* und *schüchtern* – aufgezählt; wegen der Konjunktion *weder-noch* enthält der Satz kein Komma (vgl. Zeichensetzungsregel 1, Seite 86).

Satz 2: Hinter dem Wort *schimpft* könnte ein Komma stehen im Sinne der Zeichensetzungsregel 2, Seite 87. Hinter dem Wort *Blumen* muss im Sinne der Zeichensetzungsregel 1 ein Komma stehen, da in dem zweiten Hauptsatz mehrere Subjekte aufgezählt werden. Hinter dem Wort *Gräser* steht kein Komma, da dort bereits eine Konjunktion steht (Zeichensetzungsregel 1).

Satz 4: Hinter den Wörtern *wanken* und *wehen* muss jeweils ein Komma stehen, da dort Hauptsätze unverbunden aneinander gereiht werden (vgl. Zeichensetzungsregel 2).

Im Lied vom Jockel enthält die letzte Strophe viele **Akkusativ-Objekte**; so sind sie richtig unterstrichen:

Übung C 7
S. 93

C

Da geht der Herr nun selbst hinaus
und macht gar bald ein End daraus.
Der Teufel holt den Henker nun,
der Henker hängt den Schlächter nun,
der Schlächter schlacht den Ochsen nun,
der Ochse säuft das Wasser nun,
das Wasser löscht das Feuer nun,
das Feuer brennt den Prügel nun,
der Prügel schlägt den Pudel nun,
der Pudel beißt den Jockel nun,
der Jockel schneidt den Hafer nun
und kommt auch gleich nach Haus.

Und in der Charlie-Brown-Geschichte kannst du **8x wen oder was?** fragen, nämlich bei den Wörtern *Sorgen – mein Land – dein Land – dich – mich – einen Brieffreund – eine Menge – Briefeschreiben.*

Übung C 8
S. 94

Da bei **rückbezüglichen Verben** das Reflexivpronomen nicht als gesondertes Objekt empfunden wird, kann für solche Sätze die Abkürzung **O** (für Objekte) gestrichen werden. Da sich ein reflexives Verb auf das Subjekt zurückbezieht, könnte die Grafik aussehen:

Übung C 9
S. 94

Die **Dativ-Objekte** müssen so unterstrichen sein:

Übung C 10
S. 95

„Was fällt dir ein? Du hast mir mein Jo-Jo weggenommen!" – „Ich hab es mir geliehen." – „Dir werde ich es zeigen! Gib es mir zurück! Ich rat es dir!"

Die Satzkette lautet mit eingesetztem Artikel:

Übung C 11
S. 96

So trifft man sich

Die Untermieterin	*begegnet **der** Nachbarin.*
Die Nachbarin	*begegnet **der** Zeitungsfrau.*
Die Zeitungsfrau	*begegnet **dem** Postboten.*
Der Postbote	*begegnet **dem** Heizungsmonteur.*
Der Heizungsmonteur	*begegnet **dem** Hausmeister.*
Der Hausmeister	*begegnet **der** Untermieterin.*

Die eingesetzten Artikel gehören zum **Dativ-Objekt**.

Übung C 12
S. 96

Der Text mit unterstrichenen **Genitiv-Objekten** lautet:

Vor Gericht
Der Angeklagte ist <u>des Diebstahls</u> überführt und harrt <u>seines Urteils</u>. Er schämt sich <u>seiner</u>
<u>Tat</u>. Der Angeklagte bedarf <u>eines Verteidigers</u>. Der Richter waltet <u>seines Amtes</u>.

Wenn die Genitiv-Objekte eingesetzt sind, hat der zweite Text den Wortlaut:

Der Sieg
*Die Siegerin freut sich **ihres Sieges**. Ruhmesrausch bemächtigt sich **ihrer**. Sie rührt sich*
***ihrer Leistung**.*

Übung C 13
S. 98

Die **Verben mit der passenden Präposition** und dem zugehörigen **Fragepronomen**
lauten:

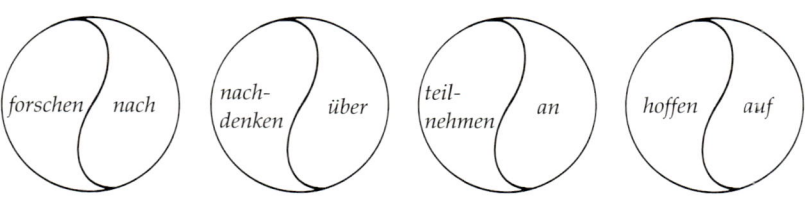

Fragepronomen:	Fragepronomen:	Fragepronomen:	Fragepronomen:
wonach?	**worüber?**	**woran?**	**worauf?**

Übung C 14
S. 98

Und so sind die **präpositionalen Objekte** richtig unterstrichen:

Der Profi
Ninas Walkman schweigt ... Da sie sich immer schon <u>für Technik</u> interessierte, sucht sie
selbst <u>nach der Ursache</u>. Bald ist das Gerät repariert. Sie freut sich <u>über den Erfolg</u>.

Übung C 15
S. 100

Zu den Sätzen über Vater und Sohn gehören folgende grafische Darstellungen:

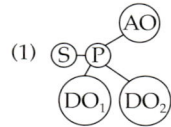

(1) S–P, AO, DO₁, DO₂

(4) S–P–DO

(2) S–P–pO

(5) S–P–DO

(3) S–P, GO, AO

(6) S–P, DO, AO

Zu den Mustern der vorgegebenen Wörter passen die Sätze:

Übung C 16
S. 101

(1) Der Onkel füllt das Sparschwein.
(2) Keiner verrät dem anderen den Plan.
(3) Das Sparschwein bedarf eines Wächters.
(4) Das Sparschwein verlockt den Vater zu einer Heimlichkeit.
(5) Der Vater wundert sich über das Sparschwein.
(6) Der Sohn bringt dem Vater die Erklärung.

Übung C 17
S. 113

Frage der Polizisten:	Die Frage betrifft den **Umstand**:
„Warum rennen Sie vor uns weg?"	Grund
„Woher kommen Sie?"	Ort
„Wann sind Sie fortgegangen?"	Zeit
„Wie sind Sie hierher gekommen?"	Art und Weise
„Wo wohnen Sie?"	Ort
„Womit können Sie sich ausweisen?"	Mittel
„Wozu haben Sie so viel Geld bei sich?"	Zweck

Text:	Die vorkommende adv. Bestimmung ist eine **adverbiale Bestimmung des/der**:
Trotz ihrer Fragen ist der Mann gelassen.	Einräumung
Zu ihrer Überraschung überzeugen seine Antworten.	Folge
Bei Bestätigung seiner Angaben wird die Sache erledigt sein.	Bedingung (ggf. Zeit)

So sind die **Satzglieder** richtig bestimmt und **grafisch** richtig dargestellt:

Übung C 18
S. 114

   S   P   aBZ   aBZw   aBO   P

Die Eltern sind gestern zur Erholung in den Urlaub gefahren.

Wer oder was?	–	*die Eltern* **(S)**
Was wird von den Eltern **ausgesagt?**	–	*sind gefahren* **(P)**
Wann?	–	*gestern* **(abZ)**
Wohin?	–	*in den Urlaub* **(aBO)**
Zu welchem Zweck?	–	*zur Erholung* **(aBZw)**

   S   P   aBG aBAW   pO

Der Älteste sorgt daher stolz für die Geschwister.

Wer oder was?	–	*der Älteste* **(S)**
Was wird von dem Ältesten **ausgesagt?**	–	*sorgt* **(P)**
Für wen?	–	*für die Geschwister* **(pO)**
Warum?	–	*daher* **(aBG)**
Wie?	–	*stolz* **(aBAW)**

aBAW	P	S	AO

Mit Eifer bereitet er das Mittagessen.

Wer oder was?	–	*er* **(S)**
Was wird von ihm **ausgesagt?**	–	*bereitet* **(P)**
Wen oder was?	–	*das Mittagessen* **(AO)**
Auf welche Art und Weise?	–	*mit Eifer* **(aBAW)**
		Diese adv. Bestimmung könnte man auch als adv. Bestimmung des **Mittels** verstehen; man würde dann. fragen: **womit?**

aBF	P	DO	S

Zu seiner Enttäuschung misslingt ihm manches.

Wer oder was?	–	*manches* **(S)**
Was wird von ihm **ausgesagt?**	–	*misslingt* **(P)**
Wem?	–	*ihm* **(DO)**
Mit welcher Folge?	–	*zu seiner Enttäuschung* **(aBF)**

aBE	P	S	DO	aBAW

Trotzdem schmeckt es den anderen gut.

Wer oder was?	–	*es* **(S)**
Was wird von ihm **ausgesagt?**	–	*schmeckt* **(P)**
Wem?	–	*den anderen* **(DO)**
Trotz welcher Voraussetzung?	–	*trotzdem* **(aBE)**
Wie?	–	*gut* **(aBAW)**

Übung C 19
S. 116

Die **präpositionalen Ausdrücke** werden verwendet als:		pO	aB
Der Kapitän verlässt sich	***auf die Seekarte.***	×	
Er schreibt Zahlen	***auf die Seekarte.***		×
Der Steuermann beschäftigt sich	***mit dem Kompass.***	×	
Er bestimmt die Himmelsrichtung	***mit dem Kompass.***		×
Der Funker übermittelt einen Funkspruch	***an den Hafen.***		×
Der Matrose denkt	***an den Hafen.***	×	

Das **Adjektiv** wird verwendet als:	PN	aB
Ich bin **zufrieden.**	×	
Ich pfeife **zufrieden.**		×
Du lernst **zielstrebig.**		×
Du bist **zielstrebig.**	×	
Er ist **humorvoll.**	×	
Er erzählt **humorvoll.**		×
Wir sind **zuversichtlich.**	×	
Wir planen **zuversichtlich.**		×
Ihr lächelt **vergnügt.**		×
Ihr seid **vergnügt.**	×	
Sie sind **freundlich.**	×	
Sie grüßen **freundlich.**		×

Übung C 20
S. 118

C

Adjektive, die **als Attribut** verwendet werden, erkennt man an ihrer äußeren Form: Sie werden **dekliniert**, d. h. sie haben eine **Endung** – im Gegensatz zu Adjektiven, die als Prädikatsnomen oder als adverbiale Bestimmung eingesetzt werden; diese werden nicht dekliniert.

Übung C 21
S. 122

Beispiel:

Adjektiv als Attribut:	Die **helle** Lampe brennt.
Adjektiv als Prädikatsnomen:	Die Lampe ist **hell**.
Adjektiv als adverbiale Bestimmung:	Die Lampe brennt **hell**.

Das **Substantiv im Genitiv** wird verwendet als:		GA	GO
Der Arzt bedient sich **der Notlüge.**			×
Der Inhalt **der Notlüge**	beruhigt den Todkranken.	×	
Der Verzweifelte bedarf **des Zuspruchs.**			×
Durch die Wirkung **des Zuspruchs**	wird er gelassener.	×	
Trotz der Gewissensbisse schämt er sich **der Notlüge**	nicht.		×
Er denkt oft über die Probleme **der Notlüge**	nach.	×	

Übung C 22
S. 123

Der **präpositionale Ausdruck** wird verwendet als:			pA	aB	pO
Der Bergsteiger fürchtet sich	*vor dem Gewitter*.				×
Die Luft	*vor dem Gewitter*	*ist schwül.*	×		
Die Luft ist	*vor dem Gewitter*	*schwül.*		×	
Die Wissenschaftler suchen	*nach einer Entdeckung*.				×
Die Zufriedenheit	*nach einer Entdeckung*	*ist groß.*	×		
Die Zufriedenheit ist	*nach einer Entdeckung*	*groß.*		×	
Das Spiel	*mit den Würfeln*	*macht vielen Menschen Spaß.*	×		
Man muss	*mit den Würfeln*	*eine hohe Punktzahl erreichen.*		×	
Die Kinder spielen	*mit den Würfeln*.				×

Otto, **unser Briefträger**, *kommt mit einer Postkarre.*
(Kein Fehler; die **Apposition** steht – wie das Subjekt, zu dem sie gehört – im Nominativ.)

So merkt er das Gewicht seiner Tasche, **des dicken Postbehälters**, *nicht.*
(Die Apposition muss in den Genitiv gesetzt werden, da sie zum Genitiv-Attribut gehört.)

Manchmal muss er dem Schäferhund, **dem scharfen Wachhund**, *ausweichen.*
(Die Apposition muss in den Dativ gesetzt werden, da sie zum Dativ-Objekt gehört.)

Bei besonderen Anlässen vertritt er Willi, **seinen Kollegen**.
(Die Apposition muss in den Akkusativ gesetzt werden, da sie zum Akkusativ-Objekt gehört.)

(1) S—P—AO, mit aA und aBZ über P
(4) S—P, mit aBZ—aA und aBAW an P
(2) S—P₂—AO—aA, mit P₁—AO über S und aBO unter P₂
(5) S—P—pO—aA, mit aA über P
(3) S—P—AO, mit aBAW unter P
(6) S—P—aBZ

Übung C 26
S. 131

Übung C 27
S. 131

Übung C 28
S. 131

C

Übung C 29
S. 131

(1)
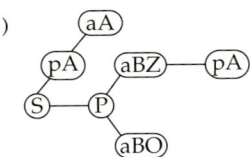

(2)
S — P — aBAW

(3)
aBE — P₁ — S, P₁ — AO, S — P₂ — aBG — aA, P₂ — aBO

(4)
aBZ, P, aBF, S, AO, aBO, aA

(5) S — P — AO

(6) S — P — aBO

(7)
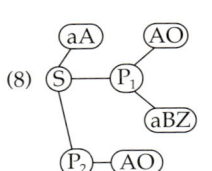
S — P — aBZw — GA

(8)
aA, AO, S, P₁, aBZ, P₂ — AO

(9)
S — P, AO, GA, aBZ

(10)
aA, Ap, aBAW, S, P₁, AO, aBG, aBO, P₂, aBO, AO, aBF — GA

(11)
S — P, DO, AO

Lösungen Teil D

Übung D 1
S. 137

(1) *Die Zeichensetzung ist gar nicht schwer,*
Hauptsatz (markiert mit gerader Linie)

wenn man die Grundzüge der deutschen Grammatik verstanden hat.
Adverbialsatz der Bedingung: unter welcher Bedingung? (markiert mit Wellenlinie)

(2) *Da Gliedsätze entfaltete Satzglieder sind,*
Adverbialsatz des Grundes: warum?

kann man sie mit den bekannten Satzglied-Fragen gut erkennen.
Hauptsatz

(3) *Sätze, . . ., sehen ungewöhnlich aus.*
Hauptsatz
Attributsatz: was für ein?

in denen die Satzzeichen fehlen

(4) *Nachdem man die fehlenden Satzzeichen einge-*
setzt hat,
sehen sie „richtig" aus.

Adverbialsatz der Zeit:
wann?
Hauptsatz

(5) *Wer bei dieser Übung keine Schwierigkeiten hat,*
sollte das Buch sofort zuklappen.

Subjektsatz: wer oder was?
Hauptsatz

(6) *Bald haben wir genug gelernt,*
und wir verdienen den Titel GRAMMATIK-
PROFI.

2 Hauptsätze (Hier ist es frei-
gestellt, ob man ein Komma
setzt oder nicht; vgl. Zeichensetzungsregel 2, Seite 87.)

(1) *Lerne dich freuen,*
denn Freuen ist eine ernste Sache.

2 Hauptsätze (Zwischen ihnen
muss ein Satzzeichen stehen,
vgl. Zeichensetzungsregel 2.)

Übung D 2
S. 137

D

(2) *Enthaltsamkeit ist ein Vergnügen an Dingen,*
welche wir nicht kriegen.

Hauptsatz
Attributsatz: was für ein?

(3) *Um an die Quelle zu kommen,*

muss man gegen den Strom schwimmen.

Adverbialsatz des Zweckes:
zu welchem Zweck?
Hauptsatz

(4) *Dir ist nichts unmöglich,*
wenn du nur willst.

Hauptsatz
Adverbialsatz der Bedingung:
unter welcher Bedingung?

(5) *Schwachheiten schaden nicht mehr,*
sobald wir sie kennen.

Hauptsatz
Adverbialsatz der Zeit: wann?

(6) *Wer sich heute freuen kann,*
soll nicht warten bis morgen.

Subjektsatz: wer oder was?
Hauptsatz

(7) *Es gibt Leute,*
die nur aus dem Grund in jeder Suppe ein Haar
finden,
weil sie . . . so lange den Kopf schütteln,

wenn sie davor sitzen,

bis eines hineinfällt.

Hauptsatz
Attributsatz:
was für ein?
Adverbialsatz des Grundes:
warum?
Adverbialsatz der Zeit: wann?

Adverbialsatz der Zeit:
bis wann?
(In diesem Satzgefüge gibt es
Gliedsätze, die nicht von einem
Hauptsatz abhängen, sondern
von Gliedsätzen!)

Ein Stadtsoldat hatte kürzlich die Stadtwache
verlassen,
obwohl er dazu nicht die Erlaubnis seines Offiziers
hatte.

Hauptsatz

Adverbialsatz der Ein-
räumung:
trotz welcher Voraussetzung?

Übung D 3
S. 138

Nach einem uralten Gesetz steht auf ein solches Ver-brechen, . . ., eigentlich die Todesstrafe.	**Hauptsatz**
das aus politischen Gründen offiziell schwer geahndet werden muss	**Attributsatz:** was für ein?
Da jedoch insgeheim jedes Magistratsmitglied dieses Strafmaß als zu hoch empfand, *ist davon seit vielen Jahrhunderten kein Gebrauch ge-macht worden.*	**Adverbialsatz des Grundes:** warum? **Hauptsatz**
Wer wegen dieses Verbrechens verurteilt worden war, *wurde zu einer Geldzahlung aufgefordert,* *so dass er jedenfalls einen Denkzettel bekam.*	**Subjektsatz:** wer oder was? **Hauptsatz** **Adverbialsatz der Folge:** mit welcher Folge?
Der besagte Kerl aber erklärte, *dass er dem Gesetz gemäß sterben wolle,* *weil es ihm nun einmal zukomme.*	**Hauptsatz** **Objektsatz:** wen oder was? **Adverbialsatz des Grundes:** warum?
Der Magistrat machte ihm klar, *dass die Geldstrafe für ihn vorteilhafter als die Todes-strafe sei.*	**Hauptsatz** **Objektsatz:** wen oder was?
Doch der Kerl sagte, *dass er seines Lebens müde sei und dass er sterben wolle.*	**Hauptsatz** **2 Objektsätze:** wen oder was? (Zwischen den Objektsätzen steht kein Komma, da bereits eine Konjunktion zwischen ihnen steht. Da Gliedsätze Satzglieder sind, gilt hier die Zeichensetzungsregel 1, S. 86)
So blieb dem Magistrat, . . ., nichts anderes übrig: *der kein Blut vergießen wollte*	**Hauptsatz** **Attributsatz:** was für ein?
Er erließ dem Schelm die Geldstrafe und war noch froh, *als dieser ihm mitteilte,* *dass er unter diesen Umständen am Leben bleiben wolle.*	**Hauptsatz** **Adverbialsatz der Zeit:** wann? **Objektsatz:** wen oder was?
Wo ein Schelm am Werk ist, *hat der Rechtschaffene es schwer . . .*	**Adverbialsatz des Ortes:** wo? **Hauptsatz**
Und wenn der Rechtschaffene unter allen Umständen rechtschaffen bleiben will, *trägt wohl so manches Mal der Schelm den Sieg davon.*	**Adverbialsatz der Bedingung:** unter welcher Bedingung? **Hauptsatz**

D